LE CHEVALIER
D'HARMENTAL.

Ouvrages du même auteur.

IMPRESSIONS DE VOYAGE. . . . . . . 5 vol. in-8.
NOUVELLES IMPRESSIONS DE VOYAGE . 3 vol. in-8.
ISABEL DE BAVIÈRE. . . . . 2 vol. in-8.
MAITRE ADAM LE CALABRAIS . . . . 1 vol. in-8.
OTHON L'ARCHER. . . . . 1 vol. in-8.
LE MAITRE D'ARMES. . . . . 3 vol. in-8.
PRAXÈDE. . . . . 1 vol. in-8.
LA COMTESSE DE SALISBURY . . . . 2 vol. in-8.
SOUVENIRS D'ANTONY. . . . . 1 vol. in-8.
PAULINE ET PASCAL BRUNO. . . . . 2 vol. in-8.
LE CAPITAINE PAUL. . . . . 2 vol. in-8.
QUINZE JOURS AU SINAI . . . . . . 2 vol. in-8.
ACTÉ . . . . 2 vol. in-8.
AVENTURES DE JOHN DAVYS . . . . 4 vol. in-8.
LES STUARTS . . . . 2 vol. in-8.
UNE ANNÉE A FLORENCE. . . . . . 2 vol. in-8.
LE CAPITAINE PAMPHILE. . . . . . 2 vol. in-8.
EXCURSIONS SUR LES BORDS DU RHIN. 2 vol. in-8.

Sous presse :

Le tome 3e et dernier des EXCURSIONS SUR LES BORDS DU RHIN.

LE SPÉRONARE.

LAGNY. — Imp. d'Aug. LAURANT.

LE CHEVALIER

D'HARMENTAL

PAR

ALEXANDRE DUMAS.

2.

PARIS,
DUMONT, ÉDITEUR,
PALAIS-ROYAL, 88, AU SALON LITTÉRAIRE.

1842.

I.

LA RUE DES BONS-ENFANS.

Le soir du même jour, qui était un dimanche, vers les huit heures à peu près, au moment où un groupe assez considérable d'hommes et de femmes, réunis autour d'un chanteur des rues, qui faisait merveille en jouant à la fois des cimbales avec ses genoux et du tambour de basque avec ses mains, fermaient presque hermétiquement l'entrée de la rue de Valois, un mousquetaire et deux chevau-légers descendirent par l'escalier de derrière du Palais-Royal et firent quelques pas pour s'avancer vers le passage du Lycée, qui, ainsi que chacun sait, donnait dans cette rue; mais voyant la foule qui leur barrait presque le chemin, les trois militaires s'arrêtèrent et parurent tenir conseil; le résultat de leur délibération fut sans doute qu'il fallait prendre une autre route que celle qui avait été décidée d'abord, car le mousquetaire donnant le premier l'exemple d'une nouvelle manœuvre, enfila la cour des Fontaines, tourna le coin de la rue des Bons-Enfants, et tout en marchant d'un pas rapide, quoi qu'il fût d'une corpuence assez forte, il arriva au numéro 22, qui s'ouvrit comme par enchantement à son approche et se referma sur lui et ses deux compagnons.

Au moment où ils avaient pris le parti de faire ce petit détour, un jeune homme vêtu d'un habit de couleur muraille, enveloppé d'un manteau de la même nuance que son habit, et coiffé d'un chapeau à larges bords, enfoncé sur ses yeux, quitta le groupe qui environnait le musicien, en chantant lui-même sur l'air des pendus : — Vingt-quatre! vingt-quatre! vingt-quatre! — Et s'avançant rapidement vers le passage du Lycée, il arriva à son extrémité opposée assez à temps pour voir entrer dans la maison que nous avons dite, les trois illustres vagabonds.

Alors il jetta un regard autour de lui, et à la lueur d'une des trois lanternes qui, grâce à la munificence de l'édilité, éclairaient ou plutôt devaient éclairer la rue dans toute sa longueur, il aperçut un de ces bons gros charbonniers au visage couleur de suie, si bien stéréotypés par Creuze, qui se reposait devant une des bornes de l'hôtel de la Roche-Guyon, sur laquelle il avait déposé son sac. Un instant il parut hésiter à s'approcher de cet homme, mais le charbonnier, à son tour, ayant chanté sur l'air des pendus le même refrain qu'avait chanté l'homme au manteau, celui-ci ne parut plus éprouver aucune hésitation, et marcha droit à lui.

— Eh bien, capitaine, dit l'homme au manteau, vous les avez vus ?

— Comme je vous vois, colonel. Un mousquetaire et deux chevau-légers, mais je n'ai pu les reconnaître ; seulement, comme le mousquetaire se cachait le visage avec son mouchoir, je présume que c'est le régent.

— C'est cela même, et les deux chevau-légers sont Simiane et Ravanne.

— Ah! ah! mon écolier, fit le capitaine : j'aurai plaisir à le retrouver. C'est un bon enfant.

— En tous cas, capitaine, faites attention qu'il ne vous reconnaisse pas.

— Me reconnaître, moi! faudrait être le diable en personne pour me reconnaître accoutré comme me voilà. C'est bien plutôt vous, chevalier, qui devriez un peu méditer vos propres paroles. Vous avez un malheureux air de grand seigneur qui ne va pas le moins du monde avec votre habit; mais il ne s'agit pas de cela : maintenant, les voilà dans la souricière, il s'agit de ne pas les en laisser sortir. Nos gens sont-ils prévenus?

— Ma foi, vos gens, capitaine, vous savez que je ne les connais pas plus qu'ils ne me connaissent. J'ai quitté le groupe en chantant le refrain qui est notre mot d'ordre. M'ont-ils entendu? m'ont-ils compris? je n'en sais rien.

— Soyez tranquille, colonel, ce sont des gaillards qui entendent à demi-voix et qui comprennent à demi-mot.

En effet, aussitôt que l'homme au manteau s'était éloigné du groupe, une fluctuation étrange, qu'il n'avait pas pu prévoir, s'était opérée dans cette foule, qui semblait composée seulement de passants désœuvrés : bien que la chanson ne fût pas terminée ni la quête commencée encore, le chapelet s'égraina. Bon nombre d'hommes sortirent du cercle isolément ou deux par deux, se retournant les uns vers les autres avec un geste imperceptible de la main ; ceux-ci par le haut de la rue de Valois, ceux-là par la cour des Fontaines, les derniers par le Palais-Royal même, commencèrent à envelopper la rue des Bons-Enfants, qui semblait être le centre du rendez-vous qu'ils s'étaient donné.

Il résulta de cette manœuvre, dont le but est facile à comprendre, qu'il ne resta devant le chanteur que dix ou douze femmes, quelques enfants et un bon bourgeois d'une quarantaine d'années, qui, voyant que la quête allait commencer, quitta la place à son tour, avec un air de profond dédain pour toutes ces chansons nouvelles, et en mâchonnant entre ses dents une vieille chanson pastorale qu'il paraissait mettre fort au dessus des gaudrioles que le mauvais goût du temps avait mises à la mode : il sembla bien au bon bourgeois que plusieurs hommes près desquels il passait lui faisaient certains signes, mais comme il n'appartenait à aucune société secrète ni à aucune loge maçonique, il continua son chemin en chantonnant toujours son refrain favori :

Laissez-moi aller,
Laissez-moi jouer,
Laissez-moi aller jouer sous la coudrette.

Et après avoir suivi la rue Saint-Honoré jusqu'à la barrière des Deux-Sergents, il tourna le coin de la rue du Coq et disparut.

Au même instant à peu près, l'homme au manteau, qui s'était éloigné le premier du groupe d'auditeurs en chantant — : Vingt-quatre ! vingt-quatre ! vingt-quatre ! — reparut au bas de l'escalier du passage du Palais-Royal, et s'approchant du chanteur :

— Mon ami, lui dit-il, ma femme est malade, et ta musique l'empêche de dormir ; si tu n'as pas de motif particulier de rester ici, va-t'en sur la place du Palais-Royal, voici un petit écu pour t'indemniser de ton déplacement.

— Merci, monseigneur, répondit le chanteur, mesurant la position sociale de l'inconnu à la générosité dont il venait de faire preuve, je m'en vais à l'instant. Vous n'avez pas de commission pour la rue Mouffetard?

— Non.

— C'est que je les aurais faites par dessus le marché.

Et l'homme s'en alla de son côté; et, comme il était à la fois le centre et la cause du rassemblement, tout ce qui en restait disparut avec lui.

En ce moment, neuf heures sonnèrent à l'horloge du Palais-Royal. Le jeune homme au manteau tira alors de son gousset une montre dont la garniture en diamants contrastait avec son costume simple; et, comme sa montre avançait de dix minutes, il la remit exactement à l'heure, puis il tourna à son tour par la cour des Fontaines, et s'enfonça dans la rue des Bons-Enfants.

En arrivant en face du n° 24, il retrouva le charbonnier.

— Et le chanteur? demanda celui-ci.

— Il est parti.

— Bon!

— Et la chaise de poste? demanda à son tour l'homme au manteau.

— Elle attend au coin de la rue Baillif.

— On a eu le soin d'envelopper les roues et les pieds des chevaux avec des chiffons.

— Oui.

— Très-bien ! Alors, attendons, dit l'homme au manteau.

— Attendons, répondit le charbonnier.

Et tout rentra dans le silence.

Une heure s'écoula, pendant laquelle quelques passants attardés traversèrent, à des intervalles toujours plus éloignés la rue qui finit enfin par devenir à peu près déserte. De leur côté, le peu de fenêtres éclairées que l'on voyait briller encore, s'éteignirent les unes après les autres, et l'obscurité n'ayant plus à lutter que contre les deux lanternes, dont l'une était en face la chapelle de Saint-Clair et l'autre au coin de la rue Baillif, finit par envahir le domaine que, depuis long-temps déjà, elle réclamait.

Une heure s'écoula encore : on entendit passer le guet dans la rue de Valois ; derrière le guet, le gardien du passage vint fermer la porte.

— Bien! murmura l'homme au manteau; maintenant nous sommes sûrs de n'être pas gênés.

— Maintenant, répondit le charbonnier, pourvu qu'il sorte avant le jour.

— S'il était seul, il serait à craindre qu'il y restât. Mais il n'est pas probable que madame de Sabran les retienne tous les trois.

— Hum! elle peut prêter sa chambre à l'un et laisser dormir les deux autres sous la table.

— Peste! vous avez raison, capitaine, et je n'y avais pas pensé. Au reste, toutes vos précautions sont bien prises?

— Toutes.

— Vos hommes croient qu'il s'agit tout bonnement d'une gageure?

— Ils font semblant de le croire, au moins, on ne peut pas leur en demander davantage.

— Ainsi c'est bien entendu, capitaine! vous et vos gens sont ivres, vous me poussez, je tombe entre le régent et celui des deux à qui il donne le bras, je les sépare, vous vous emparez de lui, vous le bâillonnez, et à un coup de sifflet la voiture arrive, tandis qu'on contient Simiane et Ravanne le pistolet sur la gorge.

— Mais, demanda le charbonnier d'une voix plus basse, s'il se nomme?

— S'il se nomme? répondit l'homme au manteau. Puis il ajouta d'une voix plus basse encore que n'avait fait son interlocuteur :

— En conspiration il n'y a pas de demi-mesure; s'il se nomme, vous le tuerez.

— Peste! dit le charbonnier, tâchons qu'il ne se nomme pas.

Et comme l'homme au manteau ne répondit point, tout rentra dans le silence.

Un quart d'heure s'écoula encore sans qu'il arrivât rien de nouveau.

Alors une lumière, qui venait du fond de l'appartement, illumina les trois fenêtres du milieu.

— Ah! ah! voilà du nouveau! dirent ensemble l'homme au manteau et le charbonnier.

En ce moment, on entendit le pas d'un homme qui venait du côté de la rue Saint-Honoré, et qui s'apprêtait à longer la rue dans toute sa longueur; le charbonnier mâcha entre ses dents un blasphème à faire fendre le ciel.

Cependant l'homme venait toujours; mais soit que l'obscurité seule suffît pour l'effrayer, soit qu'il eût vu dans cette obscurité se mouvoir quelque chose de suspect, il était évident qu'il éprouvait une certaine émotion. En effet, dès la hauteur de l'hôtel Saint-Clair, employant cette vieille ruse des poltrons qui veulent faire croire qu'ils n'ont pas peur, il se mit à chanter; mais, à mesure qu'il avançait, sa voix devenait plus tremblante; et quoique l'innocence de sa chanson prouvât la sérénité de son cœur, en arrivant en face du passage, sa crainte était si visible, qu'il commença à tousser, ce qui, comme on sait, dans la gamme de la terreur, indique une gradation de crainte d'un degré au dessus du chant. Cependant, voyant que rien ne bougeait autour de lui, il se rassura un peu, et d'une voix qu'il avait mise plus en harmonie avec sa situation présente qu'avec le sens des paroles, il reprit :

Laissez-moi aller,
Laissez-moi.....

Mais là il s'arrêta tout court, non seulement dans sa chanson, mais encore dans sa marche, car ayant aperçu à la lueur des fenêtres du salon deux hommes debout dans l'enfoncement d'une porte cochère, il sentit que la voix et les jambes lui manquaient à la fois, et il s'arrêta tout court, immobile et muet.

Malheureusement en ce moment même une ombre s'approcha de la fenêtre; le charbonnier vit qu'un cri pouvait tout perdre, et il fit un mouvement pour s'élancer vers le passant; l'homme au manteau le retint.

— Capitaine, lui dit-il, ne faites pas de mal à cet homme, puis s'approchant de lui,

— Passez, mon ami, lui dit-il, mais passez promptement et ne regardez pas en arrière.

Le chanteur ne se le fit pas dire à deux fois, et gagna du pied aussi vite que le lui permettaient ses petites jambes et le tremblement qui s'était emparé de tout son corps, si bien qu'au bout de quelques secondes il était disparu à l'angle du jardin de l'hôtel de Toulouse.

— Il était temps, murmura le charbonnier, voici la fenêtre qui s'ouvre.

Les deux hommes se plongèrent le plus qu'ils purent dans l'ombre.

En effet, la fenêtre venait de s'ouvrir, et un des deux chevau-légers s'était avancé sur le balcon.

Eh bien! dit de l'intérieur de l'appartement une voix que le charbonnier et l'homme au manteau reconnurent pour celle du régent. Eh bien! Simiane, quel temps fait-il?

— Mais, répondit Simiane, je crois qu'il neige.

Comment! tu crois qu'il neige?

— Ou qu'il pleut; je n'en sais rien, continua Simiane.

— Comment, double brute, dit Ravanne, tu ne peux pas distinguer ce qui tombe? et il vint à son tour sur le balcon.

— Après cela, dit Simiane, je ne suis pas bien sûr qu'il tombe quelque chose.

— Il est ivre mort, dit le régent.

— Moi, dit Simiane blessé dans son amour-propre de buveur, moi ivre-mort! Arrivez ici, monseigneur. Venez, venez.

— Quoique l'invitation fût faite d'une manière assez étrange, le régent ne laissa pas que de rejoindre en riant ses deux compagnons. Au reste, à sa démarche, il était facile de voir que lui-même était plus qu'échauffé.

— Ah! ivre-mort, reprit Simiane en tendant la main au prince, ivre-mort! Eh bien, touchez là; je vous parie cent louis que tout régent de France que vous êtes, vous ne faites pas ce que je fais.

— Vous entendez, Monseigneur, dit de l'intérieur de l'appartement une voix de femme, c'est une provocation.

— Et comme telle je l'accepte. Va pour cent louis.

— Je suis de moitié avec celui des deux qui voudra, dit Ravanne.

— Parie avec la Marquise, dit Simiane; je ne veux personne dans mon jeu.

— Ni moi non plus, dit le régent.

— Marquise, cria Ravanne, cinquante louis contre un baiser.

— Demandez à Philippe s'il permet que je tienne.

— Tenez, dit le régent, tenez; c'est un marché d'or qu'on vous propose là, Marquise, et vous ne pouvez que gagner. Eh bien, y es-tu, Simiane?

— J'y suis.

— Vous me suivez?

— Partout.

— Que vas-tu faire?

— Regardez.

— Où diable vas-tu?

— Je rentre au Palais-Royal.

— Par où?

— Par les toits.

Et Simiane, empoignant cette espèce d'éventail de fer que nous avons indiqué comme séparant les fenêtres du salon des fenêtres de la chambre à coucher, se mit à grimper à la manière de ces singes qui vont au bout d'une corde chercher un sou au troisième étage.

— Monseigneur, s'écria madame de Sabran, s'élançant sur le balcon et saisissant le prince par le bras, j'espère bien que vous ne le suivrez pas.

— Je ne le suivrai pas? dit le régent en se débarrassant de la Marquise; savez-vous que j'ai pour principe que tout ce qu'un autre essaiera, moi, je puis le faire? Qu'il monte à la lune, et le diable m'emporte si je n'arrive pas pour frapper à la porte en même temps que lui. As-tu parié pour moi, Ravanne?

— Oui, mon prince, répondit le jeune homme en riant de tout cœur.

— Eh bien alors, embrasse, tu as gagné.

Et le régent s'élança à son tour aux barreaux de fer, grimpant derrière Simiane, qui, agile, long et mince comme il était, fut en un instant sur la terrasse.

— Mais j'espère que vous restez, vous au moins, Ravanne, dit la Marquise.

— Le temps de ramasser votre enjeu, — répondit le jeune homme en appliquant un baiser sur les belles joues fraîches de madame de Sabran; — et maintenant, continua-t-il, adieu, madame la marquise, je suis page de Monseigneur, vous comprenez qu'il faut que je le suive.

Et Ravanne s'élança à son tour par le chemin hasardeux qu'avaient déjà pris ses deux compagnons.

Le charbonnier et l'homme au manteau laissèrent échapper une exclamation d'étonnement qui fut répétée par toute la rue, comme si chaque porte avait son écho.

— Hein! Qu'est-ce que c'est que cela? dit Simiane, qui, arrivé le premier sur la terrasse, était plus libre d'esprit que ceux qui montaient encore.

— Vois-tu double, ivrogne? dit le régent, empoignant d'une main le rebord de la terrasse, c'est le guet, et tu vas nous faire conduire au corps-de-garde, mais je te promets que je t'y laisse brancher !

A ces paroles, ceux qui étaient dans la rue se turent, espérant que le duc et ses compagnons ne pousseraient pas la plaisanterie plus loin et qu'ils redescendraient et finiraient par sortir par le chemin ordinaire.

— Ah ! me voilà ! dit le régent debout sur la terrasse ; en as-tu assez, Simiane ?

—Non pas, monseigneur, non pas,—répondit Simiane, et se penchant à l'oreille de Ravanne — ce n'est pas le guet, continua-il, pas une baïonnette, pas une buffleterie.

— Qu'y a-t-il donc? demanda le régent.

— Rien, répondit Simiane en faisant signe à Ravanne, rien, sinon que je continue mon ascension, et que cette fois, monseigneur, je vous invite à me suivre.

Et à ces mots tendant la main au régent, il commença d'escalader le toit, le tirant après lui, tandis que Ravanne poussait à l'arrière-garde.

A cette vue, comme il n'y avait plus de doute sur les intentions des fugitifs, le charbonnier poussa une malédiction et l'homme au manteau un cri de rage. En ce moment Simiane embrassait la cheminée.

— Eh! eh! dit le régent en se mettant à califourchon sur le toit, et en regardant dans la rue, où, au milieu de la lumière projetée par les fenêtres du salon restées ouvertes, on voyait s'agiter huit ou dix hommes, qu'est-ce que c'est que cela? un petit complot. Ah ça, mais on dirait qu'ils veulent escalader la maison. Ils sont furieux. J'ai envie de leur demander ce qu'on peut faire pour leur service.

— Pas de plaisanterie, monseigneur, dit Simiane, et gagnons au pied.

— Tournez par la rue Saint-Honoré, cria l'homme au manteau. En avant! en avant!

— C'est bien à nous qu'ils en veulent, Simiane, dit le régent, vite de l'autre côté. En retraite! en retraite!

— Je ne sais à quoi tient, dit l'homme au manteau, tirant de sa ceinture un pistolet et ajustant le régent, que je ne le fasse dégringoler comme une poupée de tir.

— Mille tonnerres! dit le charbonnier en lui arrêtant la main, vous allez nous faire écarteler.

— Mais, que faire?

— Attendre qu'ils dégringolent tout seuls, et qu'ils se cassent le cou; ou la providence n'est pas juste, ou elle nous ménage cette petite surprise.

— Oh! quelle idée! Roquefinette.

— Eh! colonel, pas de noms propres! s'il vous plait.

— Vous avez raison, pardon.

— Il n'y a pas de quoi : voyons l'idée.

— A moi, à moi, cria l'homme au manteau en s'élançant dans le passage; enfonçons la porte, et nous les prendrons de l'autre côté, quand ils sauteront en bas.

Et ce qui restait de ses compagnons le suivit; les autres, au nombre de cinq ou six, étaient en route pour tourner par la rue Saint-Honoré.

— Allons, allons, monseigneur, pas une minute à perdre, dit Simiane, glissez sur le derrière : ce n'est pas noble, mais c'est sûr.

— Je crois que je les entends dans le passage, dit le régent; qu'en penses-tu, Ravanne?

— Je ne pense pas, monseigneur, je me laisse couler.

Et tous trois descendirent d'une rapidité égale sur la pente inclinée du toit et arrivèrent sur la terrasse.

— Par ici, par ici, dit une voix de femme; au moment où Simiane enjambait déjà le parapet de la terrasse, pour descendre le long de son échelle de fer.

— Ah! c'est vous, marquise! dit le régent. Ma foi! vous êtes femme de secours.

— Sautez par ici, et descendez vite.

Les trois fugitifs sautèrent de la terrasse dans la chambre.

— Aimez-vous mieux rester ici? demanda madame de Sabran.

— Oui, dit Ravanne, j'irai chercher Canillac et sa garde de nuit.

— Non pas, non pas, dit le régent; du

train dont ils y vont, marquise, ils escaladeraient votre maison et ils vous traiteraient en ville prise d'assaut. Non, non, gagnons le Palais-Royal, cela vaut mieux.

Et ils descendirent rapidement l'escalier, Ravanne en tête, et ouvrirent la porte du jardin. Là, ils entendirent les coups désespérés que ceux qui les poursuivaient frappaient contre la grille de fer.

— Frappez, frappez mes bons amis, dit le régent, courant avec l'insouciance et la légèreté d'un jeune homme vers l'extrémité du jardin. La grille est solide et elle vous donnera de la besogne.

— Alerte, monseigneur, cria Simiane qui, grâce à sa longue taille, avait sauté à terre en se pendant par les bras; les voilà qui accourent au bout de la rue de Valois. Mettez le pied sur mon épaule, là, bien; l'autre...

maintenant laissez-vous couler dans mes bras.
Vous êtes sauvé, vive Dieu !

— L'épée à la main, l'épée à la main! Ravanne, et chargeons cette canaille, dit le régent.

— Au nom du ciel, monseigneur, s'écria Simiane en entraînant le prince, suivez-nous. Mille Dieux ! je m'y connais en bravoure, peut-être, mais ce que vous voulez faire, c'est de la folie. A moi, Ravanne, à moi !

Et les deux jeunes gens prenant le duc chacun par dessous un bras, l'entraînèrent par un de ces passages toujours ouverts au Palais-Royal, au moment même où ceux qui accouraient par la rue de Valois n'étaient qu'à vingt pas d'eux, et où la porte du passage tombait sous les efforts de la seconde troupe; toute la bande réunie vint donc se heurter contre la grille au moment même où les trois seigneurs la refermaient derrière eux.

— Messieurs, dit alors le régent en saluant de la main, car pour le chapeau Dieu sait où il était resté! je souhaite, pour votre tête, que tout ceci ne soit qu'une plaisanterie, car vous vous attaquez à plus fort que vous; et gare demain au lieutenant de police! En attendant, bonne nuit!

Et un triple éclat de rire acheva de pétrifier les deux conspirateurs, debout contre la grille, à la tête de leurs compagnons essoufflés.

— Il faut que cet homme ait passé un pacte avec Satan s'écria d'Harmental.

— Nous avons perdu le pari, mes amis, dit Roquefinette en s'adressant à ses hommes, qui attendaient ses ordres. Mais nous ne vous congédions pas encore : ce n'est que partie remise. Quant à la somme promise, vous en avez déjà touché moitié; demain, où vous savez, pour le reste. Bonsoir. Je serai demain au rendez-vous.

Tous ces gens dispersés, les deux chefs demeurèrent seuls.

— Eh bien, colonel ? dit Roquefinette en écartant les jambes et en regardant d'Harmental entre les deux yeux.

— Eh bien, capitaine, répondit le chevalier, j'ai bien envie de vous prier d'une chose.

— De laquelle? demanda Roquefinette.

— C'est de me suivre dans quelque carrefour, de m'y casser la tête d'un coup de pistolet, pour que cette misérable tête soit punie et ne soit pas reconnue.

— Et pourquoi cela ?

— Pourquoi cela ? parce qu'en pareille matière, lorsque l'on échoue, on n'est qu'un sot. Que vais-je dire à madame du Maine, maintenant?

— Comment, dit Roquefinette, c'est de cette Bibi-Gongon-là que vous vous inquiétez. Ah bien, pardieu! vous êtes crânement susceptible, colonel. Pourquoi diable! son boiteux de mari ne fait-il pas ses affaires lui-même? J'aurais bien voulu la voir, votre bégueule, avec ses deux cardinaux et ses trois ou quatre marquis, qui crèvent de peur dans ce moment-ci, dans un coin de l'Arsenal, tandis que nous restons maître du champ de bataille; j'aurais bien voulu les voir, s'ils auraient grimpé après les murs comme des lézards. Tenez, colonel, écoutez un vieux renard : pour être bon conspirateur, il faut surtout ce que vous avez, du courage, mais il faut encore ce que vous n'avez pas, de la patience.

Mordieu ! si j'avais une affaire comme cela à mon compte, je vous réponds que je la mènerais à bien, moi, et si vous voulez me la repasser un jour... Nous causerons de cela.

—Mais à ma place, demanda le colonel, que diriez-vous à madame du Maine ?

— Ce que je lui dirais ! Je lui dirais : « Ma princesse, il faut que le régent ait été prévenu par sa police, mais il n'est pas sorti selon que nous le pensions, et nous n'avons vu que ses pendards de roués, qui nous ont donné le change. » Alors le prince de Cellamare vous dira : « Cher d'Harmental, nous n'avons de ressources qu'en vous ; « madame la duchesse du Maine dira : « Tout n'est point perdu, puisque ce brave d'Harmental nous reste. » Le comte de Laval vous donnera une poignée de main, en essayant aussi de vous faire un compliment qu'il n'achèvera pas, vu que depuis qu'il a eu la mâchoire cassée, il n'a pas la langue facile, surtout pour faire des compliments; M. le cardinal de Polignac fera des signes de croix; Albéroni jurera à faire trembler le bon Dieu; de cette façon, vous aurez tout concilié, votre amour-propre sera sauvé, vous retournerez vous cacher dans votre mansarde, d'où je vous conseille de ne pas sortir d'ici à quelques jours, si vous ne voulez pas être pendu; de temps en temps, je vous y rends une visite; vous continuez de me faire part des libéralités de l'Espagne, parce qu'il m'importe de vivre agréablement et de soutenir mon moral; puis, à la première occasion, nous rappelons les braves gens que nous venons de renvoyer, nous prenons notre revanche.

— Oui, certainement, dit d'Harmental, voilà ce qu'un autre ferait; mais moi, que voulez-vous, capitaine, j'ai de sottes idées, je ne sais pas mentir.

— Qui ne sait pas mentir ne sait pas agir, répondit le capitaine; mais qu'est-ce que j'aperçois là-bas? les baïonnettes du guet. Aimable institution, dit le capitaine, je te reconnais bien là, toujours un quart d'heure trop tard. Mais n'importe, il faut nous séparer. Adieu, colonel. Voici votre chemin, continua le capitaine en montrant le passage du Palais-Royal au chevalier, et moi, voilà le mien, ajouta-t-il en étendant la main dans la direction de la rue Neuve-des-Petits-Champs. Allons, du calme, allez-vous-en à petits pas, pour qu'on ne se doute pas que vous devriez courir à toute jambe. La main sur la hanche comme cela, et en chantant la mère Gaudichon.

Et tandis que d'Harmental rentrait dans le passage, le capitaine suivit la rue de Valois de la même allure que le guet, sur lequel il avait cent pas d'avance, et en chantant avec une aussi parfaite insouciance que si rien ne s'était passé :

> Tenons bien la campagne,
> La France ne vaut rien,
> Et les doublons d'Espagne
> Sont d'un or très-chrétien.

Quant au chevalier, il reprit la rue des Bons-Enfants, redevenue aussi tranquille à cette heure qu'elle était bruyante dix minutes auparavant, et au coin de la rue Baillif il retrouva la voiture, qui fidèle à ses instructions, n'avait pas bougé, et qui attendait, portière ouverte, laquais au marchepied et cocher sur le siége.

— A l'arsenal, dit le chevalier.

— C'est inutile, répondit une voix qui fit tressaillir d'Harmental, je sais comment tout s'est passé, moi, puisque je l'ai vu, et j'en informerai qui de droit; une visite à cette heure serait dangereuse pour tout le monde.

— Ah! c'est vous, l'abbé, dit d'Harmental, cherchant à reconnaître Brigaud sous la livrée dont il s'était affublé. Eh bien, vous me rendez un véritable service en portant la parole à ma place; le diable m'emporte si je savais que dire.

— Tandis que je dirai, moi, dit Brigaud, que vous êtes un brave et loyal gentilhomme; et que s'il y en avait seulement dix comme vous en France, tout serait bientôt fini. Mais nous ne sommes pas ici pour nous faire des compliments. Montez vite; où faut-il vous mener?

— C'est inutile, dit d'Harmental, je m'en irai bien à pied.

— Montez, c'est plus sûr.

D'Harmental monta, et Brigaud, tout habillé en valet de pied qu'il était, se plaça sans façon près de lui.

— Au coin de la rue du Gros-Chenet et de la rue de Cléry, dit l'abbé.

Le cocher, impatient d'avoir attendu si long-temps, obéit aussitôt, et à l'endroit indiqué la voiture s'arrêta; le chevalier descendit, s'enfonça dans la rue du Gros-Chenet et disparut bientôt à l'angle de celle du Temps-perdu.

Quant à la voiture, elle continua rapidement sa route vers le boulevard, roulant sans le moindre bruit, et pareille à un char fantastique qui n'eût point touché la terre.

II.

LE BONHOMME BUVAT.

Maintenant, il faut que nos lecteurs nous permettent de leur faire faire plus ample connaissance avec un des personnages principaux de l'histoire que nous avons entrepris de leur raconter, personnage que nous n'avons encore fait que leur indiquer en passant. Nous voulons parler du bon bourgeois que nous avons vu d'abord quitter le groupe de la rue de Valois et se diriger vers la barrière des Sergents au moment où l'artiste en plein air allait commencer sa quête, et que, si on se le rappelle, nous avons revu ensuite dans un moment si inopportun, traverser attardé la rue des Bons-Enfants dans toute sa longueur.

Dieu nous garde de mettre l'intelligence de nos lecteurs en question, à ce point de douter un seul instant qu'ils n'aient reconnu dans le pauvre diable à qui le chevalier d'Harmental était venu si à propos en aide, le bonhomme de la terrasse de la rue du Temps-perdu. Mais ce qu'ils ne peuvent savoir si nous ne leur racontons avec quelque détail, c'est ce qu'était, physiquement, moralement et socialement ce pauvre diable.

Si l'on n'a point oublié le peu de choses que nous avons eu jusqu'à présent l'occasion de dire sur son compte, on doit se rappeler que c'était un homme de quarante à quarante cinq ans. Or, comme chacun sait, passé quarante ans le bourgeois de Paris n'a plus d'âge, car de ce moment il oublie totalement le soin de sa personne, dont en général il ne s'est jamais beaucoup occupé, si bien qu'il met ce qu'il trouve et se coiffe comme il peut, négligence dont souffrent singulièrement ses graces corporelles, surtout quand son physique, comme celui de notre héros, n'est pas de nature à se faire valoir par lui-même. Notre bourgeois était un petit homme de cinq pieds un pouce, gros et court, disposé à pousser à l'obésité à mesure qu'il avancerait en âge, et porteur d'une de ces figures placides où tout, cheveux, sourcils, yeux et peau, semblent de la même couleur; d'une de ces figures, enfin, dont, à dix pas, on ne distingue aucun trait. Aussi, le physionomiste le plus enthousiaste, s'il eût cherché à lire sur ce visage quelque haute et curieuse destinée, se serait certes arrêté dans son examen dès qu'il eût remonté de ses gros yeux bleu faïence à son front déprimé, ou qu'il eût descendu de ses lèvres bonassement entr'ouvertes aux plis rebondis de son double menton. Alors il eût compris qu'il avait sous les yeux une de ces têtes auxquelles toute fermentation est inconnue, dont les passions, bonnes ou mauvaises, ont respecté la fraîcheur, et qui n'ont jamais ballotté dans les parois vides de leur cerveau que le refrain banal de quelque chanson avec laquelle les nourrices endorment les enfants.

Ajoutons que la providence, qui ne fait jamais les choses à demi, avait signé l'original dont nous venons d'offrir la copie à nos lecteurs du nom caractéristique de Jean Buvat. Il est vrai que les personnes qui avaient pu apprécier la profonde nullité d'esprit et les excellentes qualités de cœur de ce brave homme supprimaient d'ordinaire le surnom patronimique qu'il avait reçu sur les fonts baptismaux et l'appelaient tout simplement le bonhomme Buvat.

Dès sa plus tendre jeunesse, le petit Buvat, qui avait une répugnance marquée pour toute espèce d'étude, manifesta une vocation toute particulière pour la calligraphie. Aussi arrivait-il chaque matin au collège des Oratoriens, où sa mère l'envoyait gratis, avec des thèmes et des versions, fourmillant de fautes, mais écrits avec une netteté, une régularité, une propreté, qui faisaient plaisir à voir. Il en résultait que le petit Buvat recevait régulièrement tous les jours le fouet pour la paresse de son esprit et tous les ans le prix d'écriture pour l'habileté de sa main. A quinze ans, il passa de l'*Epitome sacræ*, qu'il avait recommencé cinq fois, à l'*Epitome Grecæ;* mais dès les premières versions, les professeurs s'aperçurent que le saut qu'ils venaient de faire faire à leur élève était trop fort pour lui et ils le remirent pour la sixième fois à l'*Epitome sacræ.*

Tout passif qu'il paraissait être à l'extérieur, le jeune Buvat ne manquait pas au fond d'un certain orgueil ; il revint le soir tout pleurant chez sa mère, se plaignit à elle de l'injustice qui lui avait été faite et déclara dans sa douleur une chose qu'il s'était bien gardé d'avouer jusque là, c'est qu'il y avait à son école des enfants de dix ans plus avancés que lui. Madame veuve Buvat qui était une commère et qui voyait partir tous les matins son fils avec des devoirs parfaitement peints, ce qui lui suffisait à elle pour croire qu'il n'y avait rien à y redire, courut le lendemain chanter pouille aux bons pères. Ceux-ci lui répondirent que son fils était un bon enfant, incapable d'une mauvaise pensée vis à vis de Dieu et d'une mauvaise action envers ses camarades; mais qu'il était en même temps d'une si formidable bêtise qu'ils lui conseillaient de développer en le faisant maître d'écriture le seul talent dont il parut que la nature, dans son avarice envers lui, eût consenti à le douer.

Ce conseil fut un trait de lumière pour madame Buvat. Elle comprit que de cette façon le produit qu'elle tirerait de son fils serait immédiat : elle revint donc à la maison et communiqua au jeune Buvat les nouveaux plans d'avenir qu'elle venait de former pour lui. Le jeune Buvat n'y vit qu'un moyen d'échapper à la fustigation et aux férules qu'il recevait tous les jours, et que ne compensait pas dans son esprit la récompense reliée en veau qu'il recevait tous les ans. Il accueillit donc les ouvertures de madame sa mère avec la plus grande joie, lui promit qu'avant six mois il serait le premier maître d'écriture de la capitale, et le jour même, après avoir, de ses petites économies, acheté un canif à quatre lames, un paquet de plumes d'oie et deux cahiers de papier, il se mit à l'œuvre.

Les bons Oratoriens ne s'étaient pas trompés sur la véritable vocation du jeune Buvat : la calligraphie était chez lui un art qui arrivait presque jusqu'au dessin. Au bout de six mois, comme le singe des *Mille et une Nuits*, il écrivait six sortes d'écritures, et imitait au trait toutes sortes de figures d'homme, d'arbres et d'animaux. Au bout d'un an, il avait fait de tels progrès, qu'il demeura convaincu qu'il pouvait lancer son prospectus. Il y travailla pendant trois mois jour et nuit, et pensa perdre la vue, mais il est juste de dire aussi qu'au bout de ce temps il avait accompli un chef-d'œuvre : ce n'était pas une simple pancarte, c'était un véritable tableau représentant la Création du Monde en pleins et en déliés divisés à peu-près comme la Transfiguration de Raphaël. Dans la partie du haut, consacrée à l'Eden, le Père-Eternel, tirait Eve du côté d'Adam endormi, entouré des animaux que la noblesse de leur nature rapproche de l'homme, tels que le lion, le cheval et le chien. Au bas, était la mer dans les profondeurs de laquelle on voyait nager les poissons les plus fantastiques, et qui ballottait à sa surface un superbe vaisseau à trois ponts. Des deux côtés, des arbres chargés d'oiseaux, mettaient le ciel qu'ils touchaient de leur sommet en communication avec la terre qu'ils fouillaient de leurs racines, et dans l'intervalle laissé libre par toutes ces belles choses, s'élançait dans la ligne la plus parfaitement horizontale et reproduit en six écritures différentes l'adverbe *impitoyablement*.

Cette fois l'artiste ne fut point trompé dans son attente. Le tableau produisit l'effet qu'il devait produire; huit jours après, le jeune Buvat avait cinq écoliers et deux écolières.

Cette vogue ne fit qu'augmenter, et madame Buvat, après quelques années encore passées dans une aisance supérieure à celle qu'elle avait jamais eue, même du temps de feu son mari, eut la satisfaction de mourir parfaitement rassurée sur l'avenir de monsieur son fils.

Quant à lui, après avoir convenablement pleuré madame sa mère, il poursuivit le cours de sa vie, si quotidiennement reglée qu'il pouvait affirmer chaque soir que son lendemain serait exactement calqué sur la veille. Il arriva ainsi à l'âge de vingt-six ou vingt-sept ans, ayant traversé dans le calme éternel de son innocente et vertueuse bonhomie, cette époque orageuse de l'existence.

Ce fut vers ce temps que le brave homme trouva l'occasion de faire une action sublime, et qu'il la fit instinctivement, naïvement et bonnement, comme tout ce qu'il faisait. Peut-être un homme d'esprit eût-il passé près d'elle sans la voir, ou eût-il detourné la tête en la voyant.

Il y avait alors au premier étage de la maison n° 6 de la rue des Orties, dont Buvat occupait modestement une mansarde, un jeune ménage qui faisait l'admiration de tout le quartier, par l'harmonie charmante avec laquelle vivaient ensemble le mari et la femme. Il est vrai de dire que les deux époux avaient l'air d'être nés l'un pour l'autre. Le mari était un homme de trente-quatre à trente-cinq ans, d'origine méridionale, ayant les cheveux, les yeux et la barbe noire, le teint basané et des dents comme des perles. Il se nommait Albert du Rocher, était fils d'un ancien chef cevenol qui avait été forcé de se faire catholique ainsi que toute sa famille, lors des persécutions de monsieur de Baville, et, moitié par opposition, moitié parceque la jeunesse cherche les jeunes gens, il était entré, après avoir fait ses preuves comme écuyer, chez monsieur le duc de Chartres, lequel, à cette époque justement, reformait sa maison, qui avait fort souffert dans la campagne précédente à la bataille de Steinkerque où le prince avait fait ses premieres armes. Du Rocher avait donc obtenu la place de La Neuville, son prédécesseur, qui avait été tué lors de cette belle charge de la maison du roi, qui, conduite par monsieur le duc de Chartres, avait décidé de la victoire.

L'hiver avait interrompu la campagne; mais, le printemps arrivé, monsieur de Luxembourg rappela à lui tous ces beaux officiers qui partagaient semestriellement, à cette époque, leur vie entre la guerre et les plaisirs. Monsieur le duc de Chartres, toujours si ardent à tirer une épée que la jalousie de Louis XIV repoussa si souvent au fourreau, fut un des premiers à se rendre à cet appel. Du Rocher le suivit avec toute sa maison militaire.

La grande journée de Nerwinde arriva. Monsieur le duc de Chartres avait comme d'habitude le commandement de la maison ; comme d'habitude, il chargea à sa tête, mais si profondément, que dans ces différentes charges, il resta cinq fois à peu près seul au milieu des ennemis. A la cinquième fois, il n'avait près de lui qu'un jeune homme qu'il connaissait à peine, mais au coup d'œil rapide qu'il échangea avec lui, il reconnut que c'était un de ces cœurs sur lesquels il pouvait compter, et, au lieu de se rendre comme le lui proposait un brigadier ennemi qui l'avait reconnu, il lui cassa la tête d'un coup de pistolet. Au même instant, deux coups de feu partirent, dont l'un enleva le chapeau du prince, et dont l'autre s'amortit sur la poignée de son épée; mais à peine ces deux coups de feu étaient-ils partis, que ceux qui les avaient tiré tombèrent presque simultanément, renversés par le compagnon du prince, l'un d'un coup de sabre, l'autre d'un coup de pistolet. Une décharge générale se fit alors sur ces deux hommes qui ne furent heureusement, ou plutôt miraculeusement, atteints par aucune balle; seulement le cheval du prince, blessé mortellement à la tête, s'abattit sous lui; le jeune homme qui l'accompagnait sauta aussitôt à bas du sien et le lui offrit. Le prince fit quelques difficultés d'accepter ce service, qui pouvait coûter si cher à celui qui le lui rendait; mais le jeune homme, qui était grand et fort, pensant que ce n'était pas le moment d'échanger des politesses, prit le prince dans ses bras, et, bon gré mal gré, le remit en selle. En ce moment, monsieur Darcy, qui avait perdu son élève dans la mêlée, et qui le cherchait avec un détachement de chevau-légers, pénétra jusqu'à lui juste au moment où malgré leur courage le prince et son compagnon allaient être tués ou pris. Tous deux étaient sans blessure, quoique le prince eût reçu quatre balles dans ses habits. Le duc de Chartres tendit alors la main à son compagnon et lui demanda comment il s'appelait, car quoique sa figure lui fût connue, il était depuis si peu de temps à son service qu'il ne se rappelait pas même son nom. Le jeune homme lui répondit qu'il s'appelait Albert du Rocher, et qu'il avait remplacé près de lui, comme écuyer, la Neuville, tué à Steinkerque (1). Alors, se retournant vers ceux qui

(1) Comme on pourrait croire que nous faisons du roman dans l'histoire, nous demanderons à nos

venaient d'arriver : — Messieurs, leur dit le prince, c'est vous qui m'avez empêché d'être pris; mais, ajouta-t-il en montrant du Rocher,

lecteurs la permission de mettre sous leurs yeux le fragment suivant:

« Monsieur le duc de Chartres avoit chargé
» à la tête de la maison du roy : il avoit tout
» animé par son exemple et par sa présence, et
» estoit demeuré cinq fois seul au milieu des en-
» nemis. Le sieur du Rocher, l'un de ses es-
» cuyers, l'empescha d'estre pris, et tua deux
» hommes auprès de luy, qui avoient tiré chacun
» un coup de pistolet sur ce prince, qui en receut
» quatre dans ses habits et dans ses armes. Un de
» ses gentilshommes fut tué auprès de luy. Mon-
» sieur le marquis d'Arcy, qui avoit perdu mon-
» sieur le duc de Chartres dans la mêlée, receut
» plus tard à ses côtés quatre coups dans ses habits,
» et le prince eut un cheval tué sous lui. »

(Extrait de la Relation de la bataille de
Nerwinde, par Devizé. — J. Vatout,
Conspiration de Cellamare.)

voilà celui qui m'a empêché d'être tué.

A la fin de la campagne, monsieur le duc de Chartres nomma du Rocher son premier écuyer, et trois ans après, ayant toujours conservé pour lui l'affection reconnaissante qu'il lui avait vouée, il le maria avec une jeune personne dont il était amoureux, et de la dot de laquelle il se chargea. Malheureusement, comme monsieur le duc de Chartres n'était encore qu'un jeune homme à cette époque, la dot ne put pas être bien forte, mais en échange il se chargea de l'avancement de son protégé.

Cette jeune personne était d'origine anglaise : sa mère avait accompagné madame Henriette en France, lorsqu'elle était venue pour épouser Monsieur, et après l'empoisonnement de cette princesse par le chevalier d'Effiat, elle était passée dame d'atours au service de la grande dauphine; mais en 1690, la grande dauphine étant morte, et l'Anglaise, dans sa fierté tout insulaire, n'ayant pas voulu rester près de mademoiselle Choin, elle s'était retirée dans une petite maison de campagne, qu'elle louait près de Saint-Cloud, pour s'y livrer toute entière à l'éducation de sa petite Clarice, employant à cette éducation la rente viagère qu'elle tenait de la munificence du grand dauphin. Ce fut là que dans les voyages du duc de Chartres à Saint-Cloud, du Rocher fit la connaissance de cette jeune fille, avec laquelle monsieur le duc de Chartres, comme nous l'avons dit, le maria vers 1697.

C'étaient donc ces deux jeunes gens, dont l'union faisait plaisir à voir, qui occupaient le premier étage de la maison n° 6 de la rue des Orties, dont Buvat habitait modestement une mansarde.

Les jeunes époux avaient eu tout d'abord un fils, dont, dès l'âge de quatre ans, l'éducation calligraphique fut confiée à Buvat. Le jeune élève faisait déjà les progrès les plus satisfaisants, lorsqu'il fut tout à coup enlevé par la rougeole. Le désespoir des parents fut grand, comme il est facile de le comprendre ; Buvat le partagea d'autant plus sincèrement que son écolier annonçait les plus heureuses dispositions. Cette sympathie pour leur douleur, de la part d'un étranger, les attacha à lui, et un jour que le bonhomme se plaignait de l'avenir précaire qui attend les artistes, Albert du Rocher lui proposa d'user de son influence pour lui faire obtenir une place à la Bibliothèque. Buvat bondit de joie à l'idée de devenir fonctionnaire public. Le même jour la demande fut écrite de sa plus belle écriture; le premier écuyer l'apostilla chaudement, et un mois après, Buvat reçut un brevet d'employé à la Bibliothèque royale, section des manuscrits, aux appointements de neuf cents livres.

A compter de ce jour Buvat, dans l'orgueil bien naturel que lui inspirait sa nouvelle position sociale, oublia ses écoliers et ses écolières, et s'adonna tout entier à la confection des étiquettes. Neuf cents livres, assurées jusqu'à la fin de sa vie, étaient une véritable fortune, et le digne écrivain, grâce à la munificence royale, commença de couler des jours filés d'or et de soie, promettant toujours à ses bons voisins, que s'ils avaient un second enfant, ce ne serait pas un autre que lui, Jean Buvat, qui lui montrerait à écrire. De leur côté, les pauvres parents désiraient fort donner ce surcroît d'occupation au digne écrivain. Dieu exauça leur désir. Vers la fin de l'année 1702, Clarice accoucha d'une fille.

Ce fut une grande joie dans toute la maison. Buvat ne se sentait pas d'aise : il courait par les escaliers, se battant les cuisses avec les mains, et chantant à tue-tête le refrain de sa chanson favorite : *Laissez-moi aller, laissez-moi jouer*, etc. Ce jour-là, pour la première fois depuis qu'il avait été nommé, c'est-à-dire depuis deux ans, il n'arriva à son bureau qu'à dix heures un quart au lieu de dix heures précises. Un surnuméraire, qui le croyait mort, avait demandé sa place.

La petite Bathilde n'avait pas huit jours que Buvat voulait déjà lui faire faire des bâtons, disant qu'il fallait, pour bien apprendre une chose, l'apprendre dans sa jeunesse. On eut toutes les peines du monde à lui faire comprendre qu'il fallait au moins attendre qu'elle eût deux ou trois ans. Il se résigna, mais en attendant, il lui prépara des exemples. Au bout de trois ans, Clarice lui tint parole, et Buvat eut la satisfaction de mettre solennellement entre les mains de Bathilde la première plume qu'elle eût touché.

On était arrivé au commencement de 1707, et le duc de Chartres, devenu duc d'Orléans par la mort de Monsieur, avait enfin obtenu un commandement en Espagne, où il devait conduire des troupes au maréchal de Berwick. Des ordres furent aussitôt donnés à toute sa maison militaire de se tenir prête pour le 5 mars. Comme premier écuyer, Albert devait nécessairement accompagner le prince. Cette nouvelle qui, en tout autre temps, l'eût comblé de joie, lui fut presque douloureuse en ce moment, car la santé de Clarice commençait à inspirer de vives inquiétudes, et le médecin avait laissé échapper le mot de phthisie pulmonaire. Soit que Clarice se sentît elle-même gravement attaquée, soit, chose plus naturelle encore, qu'elle craignit tout simplement pour son mari, l'explosion de sa douleur fut si grande, qu'Albert lui-même ne put s'empêcher de pleurer avec elle. La petite Bathilde et Buvat pleurèrent parce qu'ils voyaient pleurer.

Le 5 mars arriva : c'était le jour fixé pour le départ. Malgré sa douleur, Clarice s'était occupée elle-même des équipages de son mari, et avait voulu qu'ils fussent dignes du prince qu'il accompagnait. Aussi, au milieu de ses larmes, un éclair d'orgueilleuse joie illumina son visage, lorsqu'elle vit Albert dans son élégant uniforme et sur son beau cheval de bataille. Quant à Albert, il était plein d'espoir et de fierté. La pauvre femme sourit tristement à ses rêves d'avenir; mais, pour ne pas l'attrister dans ce moment suprême, elle renferma son chagrin dans son cœur, et faisant taire les craintes qu'elle avait pour lui, et peut-être aussi celle qu'elle éprouvait pour elle-même, elle fut la première à lui dire de penser non pas à elle, mais à son honneur.

Le duc d'Orléans et son corps d'armée entrèrent en Catalogne dans les premiers jours d'avril et s'avancèrent aussitôt à marches forcées à travers l'Aragon. En arrivant à Segorbe, le duc apprit que le maréchal de Berwick s'apprêtait à donner une bataille décisive, et dans le désir qu'il avait d'arriver à temps pour y prendre part, il expédia Albert en courrier, avec mission de dire au maréchal que le duc d'Orléans arrivait à son aide avec dix mille hommes, et de le prier, si cela ne contrariait pas ses dispositions, de l'attendre pour commencer l'action.

Albert partit; mais, égaré dans les montagnes, perdu par de mauvais guides, il ne précéda l'armée que d'un jour, et arriva au camp du maréchal de Berwick, au moment même où il allait engager le combat. Albert se fit indiquer la position qu'occupait en personne le maréchal; on lui montra à la gauche de l'armée, sur un petit mamelon d'où l'on découvrait toute la plaine, le duc de Berwick au milieu de son état-major. Albert mit son cheval au galop et piqua droit à lui.

Le messager se fit reconnaître au maréchal, et lui exposa la cause de sa mission.

Le maréchal, pour toute réponse, lui montra le champ de bataille, et lui dit de retourner vers le prince et de lui dire ce qu'il avait vu. Mais Albert avait respiré l'odeur de la poudre, et ne voulait point s'en aller ainsi. Il demanda la permission de rester, afin de lui annoncer au moins la nouvelle de la victoire. Le maréchal y consentit. En ce moment, une charge de dragons ayant paru nécessaire au général en chef, il commanda à un de ses aides-de-camp de porter au colonel l'ordre de charger. Le jeune homme partit au galop, mais à peine avait-il franchi le tiers de la distance qui séparait le mamelon de la position occupée par ce régiment, qu'il eut la tête emportée par un boulet de canon. Il n'était pas encore tombé des étriers, qu'Albert, saisissant cette occasion de prendre sa part de la bataille, lança son cheval à son tour, transmit l'ordre au colonel, et au lieu de revenir vers le maréchal, tira son épée et chargea en tête du régiment.

Cette charge fut une des plus brillantes de la journée, et elle s'enfonça si profondément au cœur des impériaux qu'elle commença d'ébranler l'ennemi. Le maréchal, malgré lui, avait suivi des yeux, au milieu de la mêlée, ce jeune officier qu'il pouvait reconnaître à son uniforme. Il le vit arriver jusqu'au drapeau ennemi, engager une lutte corps à corps avec celui qui le portait, puis, au bout d'un instant, quand le régiment fut en fuite, il vit revenir Albert à lui, tenant sa conquête dans ses bras. Arrivé devant le maréchal, il jeta le drapeau à ses pieds, ouvrit la bouche pour parler, mais, au lieu de paroles, ce fut une gorgée de sang qui vint sur ses lèvres. Le maréchal le vit chanceler sur ses arçons et s'avança pour le soutenir; mais, avant qu'il eût pu lui porter secours, Albert était tombé : une balle lui avait traversé la poitrine. Le maréchal sauta à bas de son cheval, mais le courageux jeune homme était mort sur le drapeau qu'il venait de conquérir.

— 13 —

avant qu'il eut pu lui porter secours, Albert
était tombé : une balle lui avait traversé la
poitrine. Le malheureux soldat à bout de souffle
va... mais le courageux jeune homme était
mort sur le drapeau qu'il venait de conquérir.

III.

LE BONHOMME BUVAT.

Le duc d'Orléans arriva le lendemain de la bataille; il regretta Albert comme on regrette un homme de cœur; mais après tout il était mort de la mort du brave, il était mort au milieu d'une victoire, il était mort sur le drapeau qu'il avait conquis : que pouvait demander de plus un Français, un soldat, un gentilhomme?

Le duc d'Orléans voulut écrire de sa main à la pauvre veuve. Si quelque chose pouvait consoler une femme de la mort de son mari, ce serait sans doute une pareille lettre. Mais la pauvre Clarice ne vit qu'une chose : c'est qu'elle n'avait plus d'époux et que sa Bathilde n'avait plus de père.

A quatre heures, Buvat rentra de la bibliothèque; on lui dit que Clarice le demandait : il descendit aussitôt. La pauvre femme ne pleurait pas, elle était attérée, sans larmes, sans paroles, ses yeux étaient fixes et caves comme ceux d'une folle. Quand Buvat entra, elle ne se tourna pas vers lui, elle ne tourna pas la tête, elle se contenta d'étendre la main de son côté et de lui présenter la lettre.

Buvat regarda à droite et à gauche d'un air

tout hébêté pour deviner de quoi il était question, puis voyant que rien ne pouvait diriger ses conjectures, il reporta ses yeux sur le papier, et lut à haute voix :

« Madame, votre mari est mort pour la
» France et pour moi. Ni la France ni moi
» ne pouvons vous rendre votre mari; mais
» souvenez-vous que si jamais vous aviez be-
» soin de quelque chose, nous sommes tous
» deux vos débiteurs.

» Votre affectionné,
» Philippe d'Orléans. »

— Comment! s'écria Buvat en fixant ses gros yeux sur Clarice, M. du Rocher?... pas possible!

— Papa est mort? dit en s'approchant de sa mère la petite Bathilde qui jouait dans un coin avec sa poupée. Maman, est-ce que c'est vrai que papa est mort?

— Hélas! hélas! oui, ma chère enfant, s'écria Clarice, retrouvant tout à la fois les paroles et les larmes, oh! oui, c'est vrai! ce n'est que trop vrai! Oh! malheureuses que nous sommes!

— Madame, dit Buvat qui n'avait pas dans l'imagination de grandes ressources consolatrices, il ne faut pas vous désoler ainsi; c'est peut-être une fausse nouvelle.

— Ne voyez-vous pas que la lettre est du duc d'Orléans lui-même? s'écria la pauvre veuve. Oui, mon enfant, oui, ton père est mort. Pleure, pleure, ma fille! peut-être qu'en voyant tes larmes Dieu aura pitié de toi.

Et en disant ces paroles, la pauvre femme toussa si douloureusement que Buvat en sentit sa propre poitrine comme déchirée; mais son effroi fut bien plus grand encore lorsqu'il lui vit retirer plein de sang le mouchoir qu'elle avait approché de sa bouche. Alors il comprit que le malheur qui venait de lui arriver n'était peut-être pas le plus grand qui menaçât la petite Bathilde.

L'appartement qu'occupait Clarice était devenu désormais trop grand pour elle; personne ne s'étonna donc de la voir le quitter pour en prendre un plus petit au second.

Outre la douleur qui, chez Clarice, avait anéanti toutes ses autres facultés, il y a dans tout noble cœur une certaine répugnance à solliciter, même de la patrie, la récompense du sang versé pour elle, surtout quand ce sang est encore chaud, comme l'était celui d'Albert. La pauvre veuve hésita donc à se présenter au ministère de la guerre pour faire valoir ses droits. Il en résulta qu'au bout de trois mois, quand elle put prendre sur elle de faire les premières démarches, la prise de Requena et celle de Saragosse avaient déjà fait oublier la bataille d'Almanza. Clarice montra la lettre du prince; le secrétaire du ministre lui répondit qu'avec une pareille lettre elle ne pouvait manquer de tout obtenir, mais qu'il fallait attendre le retour de son Altesse. Clarice regarda dans une glace son visage maigri, et sourit tristement. — Attendre! dit-elle; oui, cela vaudrait mieux, j'en conviens, mais Dieu sait si j'en aurai le temps.

Il résulta de cet échec que Clarisse quitta son logement du second, pour prendre deux petites chambres au troisième. La pauvre veuve n'avait d'autre fortune que le traitement de son mari. La petite dot que lui avait donnée le duc avait disparu dans l'achat d'un mobilier et dans les équipages de son mari.

Comme le nouveau logement qu'elle prenait était beaucoup plus petit que l'autre, on ne s'étonna point que Clarice vendît le superflu de ses meubles.

On attendait pour la fin de l'automne le retour du duc d'Orléans, et Clarice comptait sur ce retour pour améliorer sa situation ; mais contre toutes les habitudes stratégiques de cette époque, l'armée, au lieu de prendre ses quartiers d'hiver, continua la campagne, et l'on apprit qu'au lieu de se préparer à revenir, le duc d'Orléans se préparait à mettre le siége devant Lérida. Or, en 1647, le grand Condé lui-même avait échoué devant Lérida, et le nouveau siége, en supposant même qu'il eût une bonne issue, promettait de traîner effroyablement en longueur.

Clarice risqua quelques nouvelles démarches : cette fois on avait déjà oublié jusqu'au nom de son mari. Elle eut de nouveau recours à la lettre du prince; cette lettre fit son effet ordinaire, mais on lui répondit qu'après le siége de Lérida, le duc d'Orléans ne pouvait manquer de revenir : force fut donc à la pauvre veuve de prendre encore patience.

Seulement elle quitta ses deux chambres pour prendre une petite mansarde en face de celle de Buvat, et elle vendit ce qui lui restait de meubles, ne gardant qu'une table, quelques chaises, le berceau de la petite Bathilde et un lit pour elle.

Buvat avait vu sans trop s'en rendre compte tous ces déménagements successifs, et quoiqu'il n'eût pas l'esprit très-subtil, il ne lui avait pas été difficile de comprendre la situation de sa voisine. Buvat, qui était un homme d'ordre, avait devant lui quelques petites économies qu'il avait grande envie de mettre à la disposition de sa voisine ; mais comme, à mesure que la misère de Clarice devenait plus grande, sa fierté grandissait aussi, jamais le pauvre Buvat n'osa lui faire une pareille offre. Et cependant, vingt fois il alla chez elle avec un petit rouleau qui renfermait toute sa fortune, c'est-à-dire cinquante ou soixante louis; mais chaque fois il sortit de chez Clarice, le rouleau à moitié tiré de sa poche, sans jamais pouvoir prendre sur lui de le tirer tout à fait. Seulement un jour, il arriva que Buvat, en descendant pour aller à son bureau, ayant rencontré le propriétaire qui faisait sa tournée trimestrielle, et ayant deviné que la visite qu'il comptait faire à sa voisine, avec sa scrupuleuse ponctualité, allait, malgré l'exiguité de la somme, la mettre peut-être dans un grand embarras, il fit entrer le propriétaire chez lui, en lui disant que la veille, madame du Rocher lui avait remis l'argent, afin qu'il retirât les deux quittances en même temps. Le propriétaire, qui y trouvait son compte et qui avait craint un retard du côté de sa locataire, ne s'inquiéta point de quelle part lui venait l'argent : il tendit les deux mains, remit les deux quittances et continua sa tournée.

Il faut dire aussi que, dans la naïveté de son âme, Buvat fut tourmenté de cette bonne action comme d'un crime; il fut trois ou quatre jours sans oser se présenter chez sa voisine, de sorte que, lorsqu'il y revint, il la trouva tout affectée de ce qu'elle croyait un acte d'indifférence de sa part. De son côté, Buvat trouva Clarice si fort changée encore pendant ces quatre jours, qu'il sortit en secouant la tête et en s'essuyant les yeux, et que pour la première fois peut-être, il se mit au lit sans chanter, pendant les quinze tours qu'il avait l'habitude de faire dans sa chambre avant de se coucher :

> Laissez-moi aller
> Laissez-moi jouer, etc.

ce qui était une preuve de bien triste et bien profonde préoccupation.

Les derniers jours de l'hiver s'écoulèrent et apportèrent en passant la nouvelle de la reddition de Lérida, mais en même temps on apprit que le jeune et infatigable général s'apprêtait à assiéger Tortose. Ce fut le dernier coup porté à la pauvre Clarice. Elle comprit que le printemps allait venir, et avec le printemps une nouvelle campagne qui retiendrait le duc à l'armée. Les forces lui manquèrent, et elle fut obligée de s'aliter.

La position de Clarice était affreuse; elle ne s'abusait pas sur sa maladie; elle sentait qu'elle était mortelle, et elle n'avait personne au monde à qui recommander son enfant. La pauvre femme craignait la mort, non pas pour elle, mais pour sa fille, qui n'aurait pas même la pierre de la tombe maternelle pour y reposer sa tête. Son mari n'avait que des parents éloignés dont elle ne pouvait ni ne voulait solliciter la pitié. Quant à sa famille à elle, née en France où sa mère était morte, elle ne l'avait jamais connue. D'ailleurs, elle comprenait qu'y eût-il quelque espoir de ce côté, elle n'avait plus le temps d'y recourir. La mort venait.

Une nuit, Buvat qui la veille au soir avait quitté Clarice dévorée par la fièvre, l'entendit gémir si profondément, qu'il sauta à bas de son lit et s'habilla pour aller lui offrir son secours; mais arrivé à la porte, il n'osa ni entrer ni frapper. Clarice pleurait à sanglots et priait à haute voix. En ce moment, la petite

Bathilde s'éveilla et appela sa mère. Clarice renfonça ses larmes, alla prendre son enfant dans son berceau, et l'agenouillant sur son lit, elle lui fit répéter tout ce qu'elle savait de prières, et entre chacune d'elles Buvat l'entendait s'écrier d'une voix douloureuse : « O « mon Dieu, mon Dieu! écoutez mon pauvre « enfant! » Il y avait dans cette scène nocturne, d'un enfant à peine hors du berceau et d'une mère à moitié dans la tombe, s'adressant tous deux au Seigneur comme à leur seul et unique soutien, au milieu du silence de la nuit, quelque chose de si profondément triste que le bon Buvat tomba à genoux, et promit solennellement tout bas ce qu'il n'osait offrir tout haut. Il jura que Bathilde pourrait rester orpheline, mais que du moins elle ne serait pas abandonnée. Dieu avait entendu la double prière qui avait monté vers lui, et il l'exauçait.

Le lendemain, Buvat fit, en entrant chez Clarice, ce qu'il n'avait jamais osé faire; il prit Bathilde entre ses bras, appuya sa bonne grosse figure contre le charmant petit visage de l'enfant, et il lui dit tout bas : — Sois tranquille, va, pauvre petite innocente, il y a encore de bonnes gens sur la terre. — La petite fille alors lui jeta les bras autour du cou et l'embrassa à son tour. Buvat sentit que des larmes lui venaient aux yeux, et comme il avait entendu répéter maintes fois qu'il ne faut pas pleurer devant les malades de peur de les inquiéter, il tira sa montre et dit de sa plus grosse voix, pour en dissimuler l'émotion : — Hum! hum! il est dix heures moins un quart; il faut que je m'en aille. Adieu, madame du Rocher.

Sur l'escalier, il rencontra le médecin et lui demanda ce qu'il pensait de la malade. Comme c'était un médecin qui venait par charité, et qu'il ne se croyait pas obligé d'avoir des ménagements, attendu qu'on ne les lui payait pas, il répondit que dans trois jours elle serait morte.

En rentrant à quatre heures, Buvat trouva la maison en émoi. En descendant de chez Clarice, le médecin avait dit qu'il fallait faire appeler le viatique. On avait donc été prévenir le curé, et le curé était venu, avait monté l'escalier, précédé du sacristain et de sa sonnette, et sans préparation aucune, il était entré dans la chambre de la malade. Clarice l'avait reçu comme on reçoit le Seigneur, c'est-à-dire les mains jointes et les yeux au ciel, mais l'impression produite sur elle n'en avait pas moins été terrible. Buvat entendit des chants, et se douta de ce qui était arrivé : il monta vivement, et trouva le haut de l'escalier et la porte de la chambre encombrés de toutes les commères du quartier qui avaient, comme c'était l'habitude à cette époque, suivi le saint-sacrement. Autour du lit où était étendue la mourante, déjà si pâle et si raidie que, sans les deux grosses larmes qui coulaient de ses yeux, on eût pu la prendre pour une statue de marbre couchée sur un tombeau, les prêtres chantaient les prières des agonisants, et, dans un coin de la chambre, la petite Bathilde, qu'on avait séparée de sa mère, afin que la malade ne fût point distraite pendant l'accomplissement de son dernier acte de religion, était blottie, n'osant ni crier ni pleurer, tout effrayée de voir tant de monde qu'elle ne connaissait point, et d'entendre tant de bruit auquel elle ne comprenait rien. Aussi, dès qu'elle aperçut Buvat, l'enfant courut à lui, comme à la seule personne qu'elle connût au milieu de cette funèbre assemblée. Buvat la prit dans ses bras et alla s'agenouiller avec elle près du lit de la mourante. En ce moment Clarice abaissa ses yeux du ciel sur la terre. Sans doute elle venait d'adresser au ciel son éternelle prière d'envoyer un protecteur à sa fille. Elle vit Bathilde dans les bras du seul ami qu'elle se connût au monde. Avec ce regard perçant des moribonds, elle plongea jusqu'au fond de ce cœur pur et dévoué, et elle y lut en ce moment tout ce qu'il n'avait pas osé lui dire, car elle se souleva sur son séant, lui tendit la main en jetant un cri de reconnaissance et de joie, que les anges seuls comprirent, et, comme si elle avait épuisé les dernières forces de sa vie dans cet élan maternel, elle retomba évanouie sur son lit.

La cérémonie religieuse était terminée; les prêtres se retirèrent d'abord; les dévotes les suivirent, les indifférents et les curieux sortirent les derniers. De ce nombre étaient plusieurs femmes. Buvat leur demanda si quelqu'une d'entre elles n'aurait point parmi ses connaissances une bonne garde malade : une d'elles se présenta aussitôt, assura, au milieu du chorus de ses compagnes, qu'elle avait toutes les vertus requises pour exercer cet honorable état, mais que justement à cause de de cette réunion de qualités, elle avait l'habitude de se faire payer huit jours d'avance, attendu qu'elle était fort courue dans le quartier. Buvat s'informa du prix qu'elle mettait à ces huit jours; elle répondit que pour tout autre ce serait seize livres ; mais, qu'attendu que la pauvre dame ne paraissait pas très-fortunée, elle se contenterait de douze. Buvat, qui avait justement touché son mois le jour même, tira deux écus de sa poche et les lui donna sans marchander. Elle lui eût demandé le double qu'il l'eût donné également ; aussi, cette générosité inattendue provoqua-t-elle force suppositions, dont quelques-unes n'étaient pas au plus grand honneur de la mourante ; tant il est vrai qu'une bonne action est une chose si rare, qu'il faut toujours, lorsqu'elle se produit aux yeux des hommes, que les hommes humiliés lui cherchent une cause impure ou intéressée!

Clarice était toujours évanouie. La garde entra aussitôt en fonctions, en lui faisant, à défaut de sels, respirer du vinaigre. Buvat se retira. Quant à la petite Bathilde, on lui avait dit que sa mère dormait. La pauvre enfant ne connaissait pas encore la différence qu'il y avait entre le sommeil et la mort, et elle s'était remise à jouer dans un coin avec sa poupée.

Au bout d'une heure, Buvat revint demander des nouvelles de Clarice : la malade était sortie de son évanouissement, mais quoiqu'elle eût les yeux ouverts, elle ne parlait plus : cependant elle pouvait reconnaître encore, car, dès qu'elle l'aperçut, elle joignit les mains et se mit à prier; puis elle parut chercher quelque chose sous son traversin. Mais l'effort qu'il fallait qu'elle fît était sans doute trop grand pour sa faiblesse, car elle poussa un gémissement et retomba de nouveau sans mouvement sur son oreiller. La garde secoua la tête, et s'approchant de la malade : Il est bien, votre oreiller, ma petite mère, lui dit-elle, il ne faut pas le déranger. Puis, se retournant vers Buvat : — Ah ! les malades, ajouta-t-elle en haussant les épaules, ne m'en parlez pas! ça se figure toujours que ça a quelque chose qui les gêne. C'est la mort, quoi! c'est la mort! mais ils ne le savent pas.

Clarice poussa un profond soupir, mais elle résta immobile. La garde s'approcha d'elle, et avec la barbe d'une plume elle lui frotta les lèvres d'un cordial de son invention, qu'elle avait été chercher chez le pharmacien. Buvat ne put supporter ce spectacle, il recommanda la mère et l'enfant à la garde, et sortit.

Le lendemain matin la malade était plus mal encore, car, quoiqu'elle eût les yeux ouverts, elle ne paraissait reconnaître personne autre que sa fille, qu'on avait couchée près d'elle sur le lit, et dont elle avait pris la petite main qu'elle ne voulait plus lâcher. De son côté l'enfant, comme si elle sentait que c'était la dernière étreinte maternelle, restait immobile et muette. Quand elle aperçut son bon ami, elle lui dit seulement :

— Elle dort, maman, elle dort.

Il sembla alors à Buvat que Clarice faisait un mouvement comme si elle entendait encore, et reconnaissait la voix de sa fille; mais ce pouvait être aussi bien un frisson nerveux. Il demanda à la garde si la malade avait besoin de quelque chose. La garde secoua la tête en disant :

— Pourquoi faire? ça serait de l'argent jeté à l'eau ; ces gueux d'apothicaires en gagnent bien assez comme cela !

Buvat aurait bien voulu rester près de Clarice, car il voyait qu'elle ne devait plus avoir que bien peu de temps à vivre; mais il n'aurait jamais eu l'idée, à moins d'être mourant lui-même, qu'il pût manquer un seul jour d'aller à son bureau. Il y arriva donc comme d'habitude, mais si triste et si accablé, que le roi ne gagna pas grand'chose à sa présence. On remarqua même avec étonnement, ce jour-là, que Buvat n'attendit pas que quatre heures fussent sonnées pour dénouer les cordons des fausses manches bleues qu'il passait en arrivant pour garantir son habit; et qu'au premier coup de l'horloge, il se leva, prit son chapeau et sortit. Le surnuméraire, qui avait déjà demandé sa place, le regarda s'en aller; puis, quand il eut refermé la porte :

— Eh bien ! à la bonne heure ! dit-il assez haut pour être entendu du chef, en voilà un qui se la passe douce !

Les pressentiments de Buvat furent confir-

més : en arrivant à la maison, il demanda à la portière comment allait Clarice :

— Ah! Dieu merci, répondit-elle, la pauvre femme est bien heureuse : elle ne souffre plus.

— Elle est morte! s'écria Buvat avec ce frisson que produit toujours sur celui qui l'entend ce mot terrible.

—Il y a trois quarts d'heure à peu près, répondit la portière; et elle se remit à remmailler son bas en reprenant sur un air bien gai une petite chanson qu'elle avait interrompue pour répondre à Buvat.

Buvat monta les marches de l'escalier lentement, une à une, s'arrêtant à chaque étage pour s'essuyer le front; puis, en arrivant sur le palier où étaient sa chambre et celle de Clarice, il fut obligé de s'appuyer au mur, car il sentait que les jambes lui manquaient. Il y a dans la vue d'un cadavre quelque chose de terrible et de solennel, dont l'homme le plus maître de lui-même subit l'impression. Aussi était-il là muet, immobile, hésitant, lorsqu'il lui sembla entendre la voix de la petite Bathilde qui se lamentait. Il se souvint alors de la pauvre enfant, et cela lui rendit quelque courage. Cependant, arrivé à la porte, il s'arrêta encore, mais alors il entendit plus distinctement les gémissements de la petite fille.

— Maman! criait l'enfant de sa petite voix entrecoupée par les larmes, maman, réveille-toi donc! maman, pourquoi as-tu froid comme cela?

Puis l'enfant venait à la porte, et frappant avec sa petite main :

— Bon ami, disait-elle, bon ami, viens! je suis toute seule, j'ai peur!

Buvat ne comprenait pas qu'on n'eût pas emporté l'enfant quelque part, aussitôt que sa mère était morte, et la pitié profonde que lui inspira la pauvre petite l'emportant sur le sentiment pénible qui l'avait arrêté un instant, il porta la main à la serrure pour ouvrir la porte. La porte était fermée. En ce moment il entendit la portière qui l'appelait; il courut à l'escalier et lui demanda où était la clé.

— Eh bien! c'est justement cela, répondit la portière; regardez donc, que je suis bête! j'ai oublié de vous la donner en passant, moi!

Buvat descendit aussi vite qu'il put le faire.

— Et pourquoi cette clé se trouve-t-elle ici? demanda-t-il.

— C'est le propriétaire qui l'y a déposée,

après avoir fait enlever les meubles, répondit la portière.

— Comment! enlever les meubles! s'écria Buvat.

— Eh! sans doute qu'il a fait enlever les meubles! Elle n'était pas riche, votre voisine, Monsieur Buvat, et il y a gros à parier qu'elle doit de tous les côtés. Tiens ! il n'a pas voulu de chicanes, le propriétaire! Le terme avant tout! c'est trop juste. D'ailleurs elle n'a plus besoin de meubles, la pauvre chère femme!

— Mais la garde? qu'est-elle devenue?

— Quand elle a vu sa malade morte, elle s'en est allée. Son affaire était finie; elle viendra l'ensevelir pour un écu, si vous voulez. C'est ordinairement les portières qui ont ce petit boni-là; mais moi, je ne puis pas : je suis trop sensible.

Buvat comprit en frissonnant tout ce qui s'était passé. Il monta aussi rapidement cette fois qu'il était monté lentement la première. La main lui tremblait tellement qu'il ne pouvait trouver la serrure. Enfin la clé tourna et la porte s'ouvrit.

Clarice était étendue à terre sur la paillasse de son lit, au milieu de la chambre toute démeublée. Un mauvais drap avait été jeté sur elle et avait dû la cacher toute entière, mais la petite Bathilde l'avait rabattu pour chercher le visage de sa mère qu'elle embrassait au moment où Buvat entrait.

— Ah! bon ami, bon ami, s'écria l'enfant, réveille donc ma petite maman, qui veut toujours dormir; réveille-la, je t'en prie.

Et l'enfant courait à Buvat, qui regardait de la porte ce pitoyable spectacle.

Buvat conduisit Bathilde près du cadavre.

— Embrasse une dernière fois ta mère, pauvre enfant, lui dit-il.

L'enfant obéit.

— Et maintenant, continua-t-il, laisse-la dormir. Un jour, le bon Dieu la réveillera.

Et il prit l'enfant dans ses bras et l'emporta chez lui. L'enfant se laissa faire sans résistance, comme si elle eût compris sa faiblesse et son isolement.

Alors il la coucha dans son propre lit, car on avait enlevé jusqu'au berceau de l'enfant, et quand il la vit endormie, il sortit pour aller faire la déclaration mortuaire au commissaire du quartier, et prévenir l'administration des pompes funèbres.

Lorsqu'il revint, la portière lui remit un papier que la garde avait trouvé dans la main de Clarice en l'ensevelissant.

Buvat l'ouvrit et reconnut la lettre du duc d'Orléans.

C'était le seul héritage que la pauvre mère avait laissé à sa fille.

IV.

BATHILDE.

En allant faire sa déclaration au commissaire du quartier, et ses arrangements avec les pompes funèbres, Buvat s'était encore occupé de chercher une femme qui pût prendre soin de la petite Bathilde, fonctions dont il ne pouvait se charger lui-même, d'abord parce qu'il était dans la parfaite ignorance des fonctions d'une gouvernante, et ensuite parce que, allant à son bureau pendant six heures de la journée, il était impossible que l'enfant demeurât seule en son absence. Heureusement il avait sous la main ce qu'il lui fallait : c'était une bonne femme de trente-cinq à trente-huit ans à peu près, qui était restée au service de feue madame Buvat pendant les trois dernières années de sa vie, et dont, pendant ces trois ans, il avait pu apprécier les bonnes qualités. Il fut convenu avec Nanette, c'était le nom de la bonne femme, qu'elle logerait dans la maison, ferait la cuisine, prendrait soin de la petite Bathilde, et aurait pour gages cinquante livres par an et sa nourriture.

Cette nouvelle disposition devait changer toutes les habitudes de Buvat, en lui faisant un ménage, à lui, qui avait toujours vécu en garçon, et mangé en pension bourgeoise; il ne pouvait donc garder sa mansarde, devenue trop étroite pour le surcroît d'existences attachées désormais à la sienne ; et dès le lendemain matin il se mit en quête d'un autre logement. Il en trouva un rue Pagevin, car il tenait fort à ne pas s'éloigner de la bibliothèque du roi, afin, quelque temps qu'il fît, d'y arriver sans trop de désagrément ; c'était un appartement composé de deux chambres, d'un cabinet et d'une cuisine ; il l'arrêta séance tenante, donna le denier à Dieu, s'en alla rue Saint-Antoine acheter les meubles qui lui manquaient, pour garnir la chambre de Bathilde et celle de Nanette, et le soir même, à son retour du bureau, le déménagement fut opéré.

Le lendemain, qui était un dimanche, l'enterrement de Clarice eut lieu, si bien que Buvat n'eut pas même besoin, pour rendre les derniers devoirs à sa voisine, de demander un congé d'un jour à son chef. Pendant une semaine ou deux, la petite Bathilde demanda à chaque instant sa maman Clarice, mais son bon ami Buvat lui ayant apporté pour la consoler force jolis joujoux, elle commença à parler moins souvent de sa mère, et comme on lui avait dit qu'elle était partie pour rejoindre son papa, elle finit par demander seulement de temps en temps quand ils reviendraient tous les deux. Enfin, le voile qui sépare nos premières années du reste de notre vie s'épaissit peu à peu, et Bathilde les oublia jusqu'au jour où la jeune fille, sachant enfin ce que c'était que d'être orpheline, devait les retrouver l'un et l'autre dans ses souvenirs d'enfant.

Buvat avait donné la plus belle des deux chambres à Bathilde; il avait gardé l'autre pour lui, et avait relégué Nanette dans le cabinet. Cette Nanette était une bonne femme qui faisait passablement la cuisine, tricotait d'une manière remarquable, et filait comme la sainte vierge. Mais malgré ces divers talents, Buvat comprit que Nanette et lui étaient loin de suffire à l'éducation d'une jeune fille, et que, quand Bathilde aurait un magnifique point d'écriture, connaitrait ses cinq règles, aurait appris à coudre et à filer, elle ne saurait juste que la moitié de ce qu'elle devait savoir, car Buvat avait envisagé l'obligation dont il s'était chargé dans toute son étendue ; c'était une de ces saintes organisations qui ne pensent qu'avec le cœur, et il avait compris que tout en devenant la pupille de Buvat, Bathilde n'en serait pas moins la fille d'Albert et de Clarice. Il résolut donc de lui donner une éducation conforme, non pas à sa situation présente, mais au nom qu'elle portait.

Et, pour prendre cette résolution, Buvat avait fait un raisonnement bien simple : c'est qu'il devait sa place à Albert, et que par conséquent le revenu de cette place appartenait à Bathilde. Voici comment il divisait ses neuf cents livres d'appointements annuels :

Quatre cent cinquante livres pour les maîtres de musique, de dessin et de danse.

Quatre cent cinquante livres pour la dot de Bathilde.

Or, en supposant que Bathilde, qui avait quatre ans, se mariât quatorze ans plus tard, c'est-à-dire à dix-huit ans, l'intérêt et le capital réunis se monteraient, le jour de son mariage, à quelque chose comme neuf ou dix mille livres. Ce n'était pas grand' chose, Buvat le savait bien, et il en était fort peiné, mais il avait eu beau se creuser l'esprit, il n'avait pas trouvé moyen de faire mieux.

Quant à la nourriture commune, au paiement du loyer, à l'entretien de Bathilde, à son entretien à lui, et aux gages de Nanette, il y ferait face en se remettant à donner des leçons d'écriture, et en faisant des copies. A cet effet, il se lèverait à cinq heures du matin et se coucherait à dix heures du soir. Ce serait tout bénéfice, car, grâce à ce nouvel arrangement, il alongerait sa vie de quatre ou cinq heures tous les jours.

Dieu bénit d'abord ces saintes résolutions : ni les leçons ni les copies ne manquèrent à Buvat, et comme deux années s'écoulèrent avant que Bathilde eût terminé l'éducation première dont il s'était chargé lui-même, il put ajouter neuf cents livres à son petit trésor et placer neuf cents livres sur la tête de Bahilde.

A six ans, Bathilde eut donc ce qu'ont rarement à cet âge les filles des plus nobles et des plus riches maisons, c'est-à-dire maître de danse, maître de musique et maître de dessin.

Au reste, c'était tout plaisir que de faire des sacrifices pour cette charmante enfant, car elle paraissait avoir reçu de Dieu une de ces heureuses organisations dont l'aptitude fait croire à un monde antérieur, tant ceux qui en sont doués semblent, non pas apprendre une chose nouvelle, mais se souvenir d'une chose oubliée. Quant à sa jeune beauté, qui donnait de si magnifiques espérances, elle tenait tout ce qu'elle avait promis.

Aussi Buvat était-il bien heureux toute la semaine quand après chaque leçon il recevait les compliments des maîtres, et bien fier lorsque le dimanche, après avoir passé l'habit saumon, la culotte de velours noir et les bas chinés, il prenait par la main sa petite Bathilde et s'en allait faire avec elle sa promenade hebdomadaire. C'était ordinairement vers le chemin des Porcherons qu'il se dirigeait. C'était là le rendez-vous des joueurs de boule, et Buvat avait été autrefois un grand amateur de ce jeu. En cessant d'être acteur il était devenu juge. A chaque contestation qui s'élevait, c'était à lui qu'on en appelait, et c'était une justice à lui rendre, il avait le coup-d'œil si exact, qu'à la première vue il indiquait, sans jamais se tromper, la boule la plus proche du cochonnet. Aussi ses jugements étaient-ils sans appel, et respectés et suivis ni plus ni moins que ceux que Saint-Louis rendait à Vincennes.

Mais encore il faut le dire à sa louange, sa prédilection pour cette promenade n'était pas née d'un sentiment égoïstique : cette promenade conduisait en même temps aux marais de la Grange-Batelière, dont les eaux sombres et moirées attiraient un grand nombre de ces demoiselles aux ailes de gaze et aux corsages d'or, qu'ont tant de plaisir à poursuivre les enfants. Un des grands amusements de la petite Bathilde était de courir, son réseau vert à la main, ses beaux cheveux blonds flottant au vent, après les papillons et les demoiselles. Il en résultait bien, à cause de la disposition du terrain, quelques petits accidents à sa robe blanche, mais pourvu que Bathilde s'amusât, Buvat passait avec une grande philosophie par dessus une tache ou un accroc : c'était l'affaire de Nanette. La bonne femme grondait fort au retour, mais Buvat lui fermait la bou-

che en haussant les épaules et en disant :
— Bah! il faut bien que vieillesse muse, et que jeunesse s'amuse! Et comme Nanette avait un grand respect pour les proverbes qu'elle pratiquait elle-même dans l'occasion, elle se rendait ordinairement à la moralité de celui-là.

Il arrivait aussi quelquefois, mais ce n'était que les jours de grande fête, que Buvat consentait, à la requête de la petite Bathilde, qui voulait voir de près les moulins à vent, à pousser jusqu'à Montmartre. Alors on partait de meilleure heure ; Nanette emportait un dîner destiné à être mangé sur l'esplanade de l'Abbaye. On se lançait bravement dans le faubourg, on traversait le pont des Porcherons, on laissait à droite le cimetière Saint-Eustache et la chapelle de Notre-Dame-de-Lorette, on franchissait la barrière et l'on gravissait le chemin de Montmartre, lancé comme un ruban entre les prés verts et les Briolets.

Ce jour-là on ne rentrait qu'à huit heures du soir, mais aussi, depuis la croix des Porcherons, la petite Bathilde dormait dans les bras de Buvat.

Les choses allèrent ainsi jusqu'à l'an de grâce 1712, époque à laquelle le grand roi se trouva si gêné dans ses affaires, qu'il ne vit moyen de se tirer d'embarras qu'en cessant de payer ses employés. Buvat fut averti de cette mesure administrative par le caissier, qui lui annonça un beau matin, comme il se présentait pour toucher son mois, qu'il n'y avait pas d'argent à la caisse. Buvat regarda le caissier d'un air tout ébahi, il ne lui était jamais venu à l'idée que le roi pût manquer d'argent. Il ne s'inquiéta donc pas autrement de cette réponse, convaincu qu'un accident fortuit avait seul interrompu le paiement, et il s'en revint à son bureau, en chantonnant sa chanson favorite :

Laissez-moi aller,
Laissez-moi jouer, etc.

— Pardieu, lui dit le surnuméraire, qui, après sept ans d'attente, était enfin passé employé le premier du mois précédent, il faut que vous ayez le cœur bien gai pour chanter encore quand on ne nous paie plus.

— Comment? dit Buvat, que voulez-vous dire?

— Je veux dire que vous ne venez peut-être pas de la caisse.

— Si fait, j'en viens.

— Et on vous a payé?

— Non, on m'a dit qu'il n'y avait pas d'argent.

— Et que pensez-vous de cela?

— Dam! je pense, dit Buvat, je pense qu'on nous paiera les deux mois ensemble.

— Ah oui! comme je chante! les deux mois ensemble! Dis donc, Ducoudray, reprit l'employé en se tournant vers son voisin, il croit qu'on nous paiera les deux mois ensemble! Il est bon enfant, le père Buvat!

— C'est ce que nous verrons l'autre mois, répondit le second employé.

— Oui, dit Buvat, répétant ces paroles qui lui parurent de la plus grande justesse, c'est ce que nous verrons l'autre mois.

— Et si l'on ne vous paie pas l'autre mois, ni ceux qui suivront, qu'est-ce que vous ferez, père Buvat?

— Ce que je ferai? dit Buvat, étonné qu'on pût mettre en doute sa résolution à venir, eh bien! mais, c'est tout simple, je viendrai tout de même.

— Comment! si l'on ne vous paie plus, dit l'employé, vous viendrez toujours?

— Monsieur, dit Buvat, le roi m'a payé pendant dix ans rubis sur l'ongle. Il a donc bien, au bout de dix ans, s'il est gêné, le droit de me demander un peu de crédit.

— Vil flatteur! dit l'employé.

Le mois s'écoula, le jour du paiement revint; Buvat se présenta à la caisse avec la parfaite confiance qu'on allait lui payer son arriéré; mais, à son grand étonnement, on lui annonça comme la dernière fois que la caisse était vide. Buvat demanda quand elle se remplirait; le caissier lui répondit qu'il était bien curieux. Buvat se confondit en excuses et revint à son bureau, mais cette fois sans chanter.

Le même jour, l'employé donna sa démission. Or, comme il devenait difficile de remplacer un employé qui se retirait parce qu'on ne payait plus, et qu'il fallait que la besogne se fît tout de même, le chef chargea Buvat, outre son propre travail, de celui du démissionnaire. Buvat le reçut sans murmurer, et, comme, à tout prendre, ses étiquettes lui laissaient assez de temps de reste, au bout du mois la besogne se trouva au courant.

On ne paya pas plus le troisième mois que les deux premiers. C'était une véritable banqueroute.

Mais, comme on l'a vu, Buvat ne marchandait jamais avec ses devoirs. Ce qu'il avait promis de faire dans son premier mouvement, il le fit avec réflexion. Seulement il attaqua son petit trésor, qui se composait juste de deux années de ses appointements.

Cependant Bathilde grandissait : c'était maintenant une jeune fille de treize à quatorze ans dont la beauté devenait tous les jours plus remarquable, et qui commençait à comprendre toute la difficulté de sa position. Aussi, depuis six mois ou un an, sous prétexte qu'elle préférait rester à dessiner ou à jouer du clavecin, les promenades aux Porcherons, les courses dans les Marais de la Grange-Batelière et les ascensions à Montmartre étaient interrompues. Buvat ne comprenait rien à ces goûts sédentaires, qui étaient venus tout à coup à la jeune fille, et comme après avoir essayé deux ou trois fois de se promener sans elle, il s'était aperçu que ce n'était pas la promenade en elle-même qu'il aimait, il résolut, attendu qu'il faut que le bourgeois de Paris, enfermé toute la semaine, ait de l'air au moins le dimanche, il avait résolu, dis-je, de chercher un petit logement avec un jardin; mais les logements avec jardin étaient devenus trop chers pour l'état des finances du pauvre Buvat, de sorte qu'ayant trouvé dans ses courses le petit logement de la rue du Temps-Perdu, il avait eu incontinent cette lumineuse idée de remplacer le jardin par une terrasse; il avait même réfléchi bientôt que l'air en serait meilleur, et il était revenu faire part de sa trouvaille à Bathilde, en lui disant que le seul inconvénient qu'il vît à leur futur appartement, qui du reste leur convenait sous tous les rapports, c'est que leurs deux chambres seraient séparées, et qu'elle serait obligée d'habiter le quatrième étage avec Nanette, tandis qu'il logerait au cinquième. Ce qui paraissait un inconvénient à Buvat parut au contraire une qualité à Bathilde. Depuis quelque temps elle comprenait, avec cet instinct de pudeur naturel à la femme, qu'il était inconvenant que sa chambre fut de plain-pied et séparée par une seule porte de la chambre d'un homme jeune encore, et qui n'était ni son père ni son mari. Elle assura donc Buvat que, d'après tout ce qu'il lui disait de ce logement, elle croyait qu'il en trouverait difficilement un autre qui fût aussi bien à sa convenance ; elle l'invita à l'arrêter le plus tôt possible. Buvat enchanté donna le même jour le congé à son ancien logement et le denier à Dieu à son nouveau ; puis, au prochain demi-terme, il déménagea. C'était la troisième fois depuis vingt ans, et toujours dans des circonstances péremptoires. Comme on le voit, Buvat n'était point d'humeur changeante.

Et Bathilde avait raison de se replier ainsi sur elle-même, car, depuis que son mantelet noir dessinait d'admirables épaules, depuis que sous sa mitaine s'alongeaient les plus jolis doigts du monde, depuis que, de la Bathilde d'autrefois, elle n'avait gardé que son pied d'enfant, tout le monde remarquait que Buvat était jeune encore; que cinq ou six fois, comme on le savait un homme d'ordre et qu'on le voyait régulièrement aller tous les mois chez son notaire, il avait trouvé l'occasion de faire un mariage convenable sans profiter de cette occasion; enfin, que le tuteur et la pupille demeuraient sous la même clé; si bien que les commères, qui baisaient la trace des pas du bonhomme quand Bathilde n'avait que six ans, commençaient à crier à l'immoralité de Buvat, maintenant que Bathilde en avait quinze.

Pauvre Buvat! Si jamais écho fut innocent et pur, c'est celui de cette chambre qui attenait à celle de Bathilde, de cette chambre qui abrita dix ans sa bonne grosse tête joufflue et rose, à laquelle jamais une mauvaise pensée n'était venue, même en songe.

Mais, en arrivant rue du Temps-perdu, ce fut bien pis encore : Buvat et Bathilde étaient venus, on se le rappelle, de la rue des Orties à la rue Pagevin; de sorte que, là où l'on avait su son admirable conduite à l'égard de la pauvre enfant, ce souvenir l'avait encore protégé contre la calomnie; mais il y avait déjà si longtemps que cette belle action avait été faite, que même, rue Pagevin, on commençait à l'oublier. Il était donc bien difficile que les bruits qui avaient commencé à se répandre ne les suivissent pas dans un quartier nouveau où ils étaient tout-à-fait inconnus et où leur inscription sous deux noms différents devait dans tous les cas éveiller les soupçons, en excluant toute idée de proche parenté.

Restait la supposition qui, attribuant à Buvat une jeunesse orageuse, aurait vu dans Bathilde le résultat d'une ancienne passion que l'église eût oublié de consacrer; mais cette supposition tombait au premier examen. Bathilde était grande et élancée. Buvat était gros et court; Bathilde avait les yeux noirs et ardents, Buvat avait les yeux bleu-faïence et sans la moindre expression ; Bathilde avait la peau blanche et mate, Buvat avait le visage du rose le plus vif; enfin toute la personne de Bathilde respirait l'élégance et la distinction, tandis que le pauvre bonhomme Buvat était des pieds à la tête un type de vulgaire bonhomie. Il en résulta que les femmes commencèrent à regarder Bathilde avec dédain, et que les hommes appelèrent Buvat un heureux drôle.

Il est juste de dire au reste que Madame Denis fut une des dernières à accréditer tous ces bruits. Nous dirons plus tard à quelle occasion elle commença d'y donner créance.

Cependant les prévisions de l'employé démissionnaire s'étaient réalisées. Il y avait déjà dix-huit mois que Buvat n'avait touché un sou d'appointements sans que le brave homme, malgré ce long crédit, se fût relâché un instant de sa ponctualité ordinaire. Il y a plus, depuis qu'on ne payait plus, il avait une peur terrible que l'envie ne prît au ministre de faire des économies en supprimant le tiers des employés, et Buvat, quoique sa place lui prît par jour six heures de son temps qu'il eût pu employer d'une manière plus lucrative, eût regardé comme un malheur irréparable la perte de cette place. Aussi, redoublait-il de zèle à mesure qu'il perdait l'espoir du retour de ses appointements. Il en résulta qu'on se garda bien de mettre dehors un homme qui travaillait d'autant plus qu'on le payait moins.

L'ignorance complète de l'époque où cette situation précaire cesserait, jointe à la diminution de son petit trésor qui menaçait de s'épuiser bientôt, rembrunissait néanmoins le front de Buvat, au point que Bathilde commença de se douter qu'il se passait quelque chose qu'elle ignorait. Avec le tact qui caractérise les femmes, elle comprit que toute question à Buvat sur un secret qu'il ne lui avait pas confié de lui-même, serait inutile. Ce fut donc à Nanette qu'elle s'adressa. Nanette se fit quelque peu prier, mais comme tout dans la maison ressentait l'influence de Bathilde, elle finit par lui avouer la situation des affaires ; Bathilde apprit alors seulement tout ce qu'elle devait à la délicatesse désintéressée de Buvat; elle sut que pour lui conserver intacts des appointements destinés à payer ses maîtres d'agrément et à lui amasser une dot, Buvat travaillait le matin depuis cinq heures jusqu'à huit heures, et le soir, depuis neuf heures jusqu'à minuit, et que ce qui le rendait triste, c'était que malgré ce travail acharné, comme on ne lui payait plus ses appointements, quand ses petites économies seraient épuisées, il se verrait forcé d'avouer à Bathilde qu'il leur fallait retrancher toute dépense qui n'était pas rigoureusement nécessaire. Le premier mouvement de Bathilde en apprenant ce saint dévoûment, avait été de tomber aux pieds de Buvat quand il rentrerait, et de lui baiser les mains; mais bientôt elle comprit que le seul moyen d'arriver à son but était de paraître tout ignorer, et dans le baiser filial qu'elle déposa sur le front de Buvat lorsqu'il rentra de son bureau, le bonhomme ne put deviner tout ce qu'il y avait de reconnaissance et de vénération.

IV.

BATHILDE.

Mais le lendemain, Bathilde dit en riant à Buvat, qu'elle croyait que ses maîtres n'avaient plus rien à lui apprendre, qu'elle en savait autant qu'eux, et que les conserver plus long-temps serait de l'argent perdu.

Comme Buvat ne trouvait rien d'aussi beau que les dessins de Bathilde; comme, lorsque Bathilde chantait, il se sentait enlever au troisième ciel, il n'eut pas de peine à croire sa pupille, d'autant moins que les maîtres, avec une bonne foi assez rare, avouèrent que leur élève en savait assez pour aller désormais toute seule. C'est que tel était le sentiment qu'inspirait Bathilde, qu'il épurait tout ce qui s'approchait d'elle.

On comprend que cette double déclaration fit grand plaisir à Buvat; mais ce n'était pas assez pour Bathilde que d'épargner sur la dépense; elle résolut encore d'ajouter au gain. Quoiqu'elle eût fait des progrès à peu près pareils dans la musique et dans le dessin, elle comprit que le dessin seul pouvait lui être une ressource, tandis que la musique ne lui serait jamais qu'un délassement. Elle réserva donc toute son application pour le dessin, et comme elle y était vraiment d'une force supérieure, elle arriva bientôt à faire de délicieux pastels. Enfin un jour, elle voulut connaître la valeur de ses œuvres, et pria Buvat, en allant à son bureau, de montrer au marchand de couleurs chez qui elle achetait son papier et ses crayons, et qui demeurait au coin de la rue de Cléry et du Gros-Chenet, deux têtes d'enfant qu'elle avait faites de fantaisie, et de lui demander ensuite ce qu'il les estimait. Buvat se chargea de la commission sans y entendre le moins du monde malice, et s'en acquitta avec sa naïveté ordinaire. Le marchand, habitué à de pareilles propositions, tourna et retourna d'un air dédaigneux les têtes entre ses mains, et tout en les critiquant fort, dit qu'il ne pourrait offrir que quinze livres de chaque. Buvat blessé non pas du prix offert, mais de la manière peu respectueuse dont l'industriel avait parlé du talent de Bathilde, les lui tira assez brusquement des mains, en lui disant qu'il le remerciait.

Le marchand, croyant alors que le bonhomme ne trouvait pas le prix assez élevé, dit qu'en faveur de la connaissance il donnerait des deux têtes jusqu'à quarante livres; mais Buvat, rancuneux en diable quand il s'agissait d'une offense faite à la perfectibilité de sa pupille, lui répondit sèchement que les dessins qu'il lui avait montrés n'étaient point à vendre, et qu'il n'en demandait le prix que pour sa propre satisfaction. Or, comme on le sait, du moment où les dessins ne sont point à vendre, ils augmentent singulièrement de valeur, il en résulta que le marchand finit par en offrir jusqu'à cinquante livres; mais Buvat, peu sensible à cette proposition dont il n'avait pas même l'idée qu'il pût profiter, remit les dessins dans leur carton, sortit de chez le marchand avec toute la fierté d'un homme blessé dans sa dignité, et s'achemina vers son bureau. A son retour, le marchand se trouva comme par hasard sur sa porte, mais Buvat en le voyant prit au large. Cela ne servit à rien, le marchand alla à lui, et lui mettant les deux mains sur les épaules, lui demanda s'il ne voulait point lui donner les deux dessins pour le prix qu'il avait dit. Buvat lui répondit une seconde fois, et d'une voix plus aigre encore que la première, que les dessins n'étaient point à vendre.

— C'est fâcheux, reprit le marchand, j'aurais été jusqu'à quatre-vingts livres. Et il retourna sur la porte d'un air indifférent, mais tout en suivant Buvat du coin de l'œil. Buvat, de son côté, continua son chemin avec une fierté qui donnait quelque chose de plus grotesque encore à sa tournure, et, sans s'être retourné une seule fois, disparut au coin de la rue du Temps-Perdu.

Bathilde entendit Buvat qui montait tout en battant les barreaux de l'escalier avec sa canne, ce qui produisait un bruit régulier dont il avait l'habitude d'accompagner sa marche ascendante. Elle courut aussitôt au devant de lui jusque sur le palier, car elle était fort inquiète du résultat de la négociation, et lui jetant, avec un reste de ses habitudes enfantines, les bras autour du cou :

— Eh bien! bon ami, demanda-t-elle, qu'a dit M. Papillon?

C'était le nom du marchand de couleurs.

— M. Papillon? répondit Buvat en s'essuyant le front, M. Papillon est un impertinent!

La pauvre Bathilde pâlit.

—Comment cela, bon ami, un impertinent?

— Oui, un impertinent qui, au lieu de se mettre à genoux devant tes dessins, s'est permis de les critiquer.

— Oh! si ce n'est que cela,, bon ami, dit Bathilde en riant, il a raison. Songez donc que je ne suis encore qu'une écolière. Mais enfin en a-t-il offert un prix quelconque?

— Oui, répondit Buvat, il a eu encore cette impertinence.

— Et quel prix? demanda Bathilde toute tremblante.

— Il en a offert quatre-vingts livres!

— Quatre-vingts livres! s'écria Bathilde. Oh! vous vous trompez sans doute, bon ami.

— Il a osé offrir quatre-vingts livres des deux, je le répète, répondit Buvat en appuyant sur chaque syllabe.

— Mais c'est quatre fois ce qu'ils valent, dit

la jeune fille en battant des mains de joie.

— C'est possible, reprit Buvat, quoique je n'en croie rien; mais il n'en est pas moins vrai que M. Papillon est un impertinent.

Ce n'était pas l'avis de Bathilde; aussi, pour ne pas entamer une discussion si délicate avec Buvat, changea-t-elle de conversation, en lui annonçant que le dîner était servi, annonce qui avait ordinairement pour résultat de donner immédiatement un autre cours aux idées du bonhomme. Buvat remit, sans observations ultérieures, le carton entre les mains de Bathilde, et entra dans la petite salle à manger en battant ses cuisses avec ses mains, et en chantonnant l'inévitable :

Laissez-moi aller,
Laissez-moi jouer, etc.

Il dîna d'aussi bon appétit que si son amour-propre presque paternel était pur de tout échec, et qu'il n'y eût point de M. Papillon au monde.

Le soir même, tandis que Buvat était monté dans sa chambre pour faire ses copies, Bathilde remit le carton à Nanette, lui dit de porter à M. Papillon les deux têtes qu'il renfermait, et de lui demander les quatre-vingts livres qu'il en avait offertes à M. Buvat.

Nanette obéit, et Bathilde attendit son retour avec anxiété, car elle ne pouvait croire que Buvat ne se fût point trompé sur le prix. Dix minutes après elle fut entièrement rassurée, car la bonne femme rentra avec les quatre-vingts livres.

Bathilde prit l'argent de ses mains, le regarda un instant les larmes aux yeux, puis le posant sur table, elle alla en silence s'agenouiller vers le crucifix qui était au pied de son lit, et auquel chaque soir elle faisait sa prière. Mais cette fois la prière était changée en actions de grâces. Elle allait donc pouvoir rendre au bon Buvat une partie de ce qu'il avait fait pour elle.

Le lendemain, Buvat, en revenant de son bureau, voulut, ne fût-ce que pour narguer M. Papillon, repasser encore devant sa porte; mais son étonnement fut grand lorsqu'à tratravers les carreaux de la boutique il aperçut, dans de magnifiques cadres, les deux têtes d'enfant qui le regardaient. En même temps la porte s'ouvrit et le marchand parut.

— Eh bien! papa Buvat, lui dit-il, nous avons donc fait nos petites réflexions! nous nous sommes décidés à nous défaire de nos deux têtes, qui n'étaient pas à vendre! Ah! trédame! je ne vous croyais pas si roué, voisin! Vous m'avez tiré quatre-vingts bonnes livres de la poche, avec tout cela! Mais c'est égal, dites à mademoiselle Bathilde, que comme c'est une bonne et sainte fille, par considération pour elle, si elle veut m'en donner deux comme cela tous les mois, et s'engager d'un an à n'en point faire pour d'autres, je les lui prendrai au même prix.

Buvat demeura atterré ; il grommela une réponse que le marchand ne put entendre, et prit la rue du Gros-Chenet, en choisissant les pavés, où il posait le bout de sa canne, ce qui était encore chez lui une grande marque de préoccupation. Puis il remonta ses cinq étages sans battre les barres de l'escalier, ce qui fit qu'il ouvrit la chambre de Bathilde, sans que Bathilde l'eût entendu. La jeune fille dessinait ; elle avait déjà commencé une autre tête.

En apercevant son bon ami debout sur la

porte et avec un air tout soucieux, Bathilde posa sur la table carton et pastels et courut à lui en demandant ce qui était arrivé ; mais Buvat, sans répondre, essuya deux grosses larmes, et avec un accent de sensibilité indéfinissable :

— Ainsi, dit-il, la fille de mes bienfaiteurs, l'enfant de Clarice Gray et d'Albert du Rocher travaille pour vivre !

— Mais, petit père, répondit Bathilde, moitié pleurant, moitié riant, je ne travaille pas, je m'amuse.

Le mot *petit père* était dans les grandes occasions substitué par Bathilde au mot *bon ami*, et il avait d'ordinaire pour résultat de calmer les plus grandes peines du bonhomme; mais cette fois la ruse échoua.

— Je ne suis ni votre *petit père*, ni votre *bon ami*, murmura Buvat en secouant la tête et en regardant la jeune fille avec une bonhomie admirable; je suis tout simplement le pauvre Buvat que le roi ne paie plus, et qui ne gagne point assez avec son écriture, pour continuer de vous donner l'éducation qui convient à une demoiselle comme vous.

Et il laissa tomber ses bras avec un tel découragement, que sa canne lui échappa des mains.

— Oh! mais vous voulez donc à votre tour me faire mourir de chagrin! s'écria Bathilde en éclatant en sanglots, tant la douleur de Buvat se peignait sur son visage.

— Moi, te faire mourir de chagrin, mon enfant! s'écria Buvat, avec un accent de profonde tendresse. Qu'est-ce que j'ai donc dit? qu'est-ce que j'ai donc fait?

Et Buvat joignit les mains, et fut prêt à tomber à genoux devant elle.

— A la bonne heure! dit Bathilde, voilà comme je vous aime, petit père; c'est quand vous tutoyez votre fille; mais quand vous ne me tutoyez pas, il me semble que vous êtes fâché contre moi, et alors je pleure.

— Mais je ne veux pas que tu pleures, moi! dit Buvat. Eh bien! il ne me manquerait plus que cela, de te voir pleurer!

— Alors, dit Bathilde, je pleurerai toujours, si vous ne me laissez pas faire ce que je veux.

Cette menace de Bathilde, toute puérile qu'elle était, fit frissonner Buvat depuis la pointe du pied jusqu'à la racine des cheveux; car depuis le jour où l'enfant pleurait sa mère, pas une larme n'était tombée des yeux de la jeune fille.

— Eh bien! dit Buvat, fais donc comme tu veux, et ce que tu veux; mais promets-moi que le jour où le roi me paiera mon arriéré...

— C'est bon, c'est bon, petit père! dit Bathilde en interrompant Buvat; nous verrons tout cela plus tard; mais en attendant, vous êtes cause que le dîner refroidit.

Et la jeune fille, prenant le bonhomme sous le bras, passa avec lui dans la petite salle à manger, où, par ses plaisanteries et sa gaîté, elle eut bientôt effacé sur la bonne grosse figure de Buvat, jusqu'à la dernière trace de tristesse.

Qu'eût-ce donc été, si le pauvre Buvat eût tout su ?

En effet, Bathilde avait songé que pour qu'elle continuât de bien placer ses dessins, il n'en fallait pas trop faire, et comme on l'a vu, sa prévision était juste, puisque le marchand de couleurs avait dit à Buvat qu'il en prendrait deux par mois, mais à la condition que Bathilde ne travaillerait pas pour d'autres que pour lui. Or, ces deux dessins, Bathilde pouvait les faire en huit ou dix jours : il lui restait donc par mois, quinze jours au moins qu'elle ne se croyait plus le droit de perdre ; si bien que, comme elle avait fait autant de progrès dans son éducation de femme de ménage que dans celle de femme du monde, elle avait chargé le matin même Nanette de chercher, sans dire pour qui, parmi les connaissances, quelque ouvrage d'aiguille, difficile et par conséquent bien payé, auquel elle pourrait se livrer en l'absence de Buvat, et dont la rétribution viendrait encore ajouter au bien-être de la maison. Nanette, qui ne savait qu'obéir à sa jeune maîtresse, s'était donc mise en quête le jour même, et n'avait pas eu besoin d'aller bien loin pour trouver ce qu'elle cherchait. C'était le temps des dentelles et des accrocs; les grandes dames payaient la guipure cinquante louis l'aune, et couraient ensuite négligemment par les bosquets avec des robes plus transparentes encore que celle que Juvénal appelait de l'air tissu. Il en résultait, comme on le comprend bien, force déchirures, qu'il fallait cacher aux regards des mères ou des maris ; de sorte qu'à cette époque, il y avait peut-être plus encore à gagner à raccommoder les dentelles qu'à les vendre. Dès son coup d'essai en ce genre, Bathilde fit des miracles; son aiguille semblait être celle d'une fée. Aussi Nanette reçut-elle force compliments sur la Pénélope inconnue qui refaisait ainsi le jour l'ouvrage que l'on défaisait la nuit.

Grâce à cette laborieuse résolution de Bathilde, résolution dont une partie resta ignorée de tout le monde et même de Buvat, l'aisance prête à manquer dans le ménage y rentra par une double source. Buvat, plus tranquille désormais, et voyant bien que, sans que Bathilde se fût positivement prononcée à ce sujet, il lui fallait cependant renoncer à ses promenades du dimanche, qu'il ne trouvait si charmantes que parce qu'il les faisait avec elle, résolut donc de tirer parti de cette fameuse terrasse qui avait été d'un poids si fort dans le choix de son logement. Pendant huit jours, chaque matin et chaque soir, il passa une heure à prendre ses mesures, sans que personne, même Bathilde, eût l'idée de ce qu'il voulait faire. Enfin, il s'arrêta à un jet d'eau, à une grotte et à un berceau.

Il faut avoir vu le bourgeois de Paris aux prises avec une de ces idées fantastiques, comme il en était venu une à Buvat le jour où il avait résolu d'avoir un parc sur sa terrasse, pour comprendre tout ce que la patience humaine peut exécuter de choses qui, au premier abord, paraissent impossibles. Le jet d'eau ne fut presque rien. Comme nous l'avons dit, les gouttières, de huit pieds plus élevées que la terrasse, donnaient toutes facilités pour l'exécution. Le berceau même fut peu de chose : quelques lattes peintes en vert, clouées en losange, et tapissées de jasmins et de chèvre-feuille en firent les frais. Mais ce fut la grotte qui devait être véritablement le chef-d'œuvre de ces nouveaux jardins de Sémiramis.

En effet, le dimanche, dès la pointe du jour, Buvat partait pour le bois de Vincennes; et, arrivé là, il se mettait en quête de ces pierres hétéroclites, aux formes torturées, dont les unes représentent naturellement des têtes de singe, les autres des lapins accroupis, celles-ci des champignons, celles-là des clochers de cathédrale ; puis, lorsqu'il en avait réuni un assez grand nombre, il les faisait mettre dans une brouette, et, moyennant une livre tournois, qu'il consacrait hebdomadairement à cette dépense, il les faisait amener au cinquième étage de la rue du Temps-Perdu. Cette première collection dura trois mois à compléter.

Puis, Buvat passa des monolithes aux végétaux. Toute racine ayant l'imprudence de sortir de terre, sous la forme d'un serpent ou sous l'apparence d'une tortue, devint la propriété de Buvat, qui, une petite serpe à la main, se promenait les yeux fixés sur le sol, avec autant d'attention qu'un homme qui aurait cherché un trésor, et qui, dès qu'il apercevait une forme ligneuse à sa convenance, se précipitait la face contre terre avec l'acharnement d'un tigre qui fond sur sa proie. A force de frapper, de hacher, de tirer, il finissait par l'arracher du sol. Cette recherche obstinée, à laquelle les gardes de Vincennes et de Saint-Cloud essayèrent plus d'une fois de mettre empêchement, mais sans pouvoir y réussir, tant Buvat, par sa persévérance, déjouait leur activité, dura trois autres mois, au bout desquels il vit enfin, à sa grande satisfaction, tous ses matériaux réunis.

Alors commença l'œuvre architecturale. La plus grosse comme la plus petite pierre qui devait servir à l'édification de la Babel moderne fut tournée et retournée d'abord sur toutes ses faces, afin qu'elle s'offrît à la vue par son côté le plus avantageux ; puis posée, puis assurée, puis cimentée de façon que chaque saillie extérieure présentât la capricieuse imitation d'une tête d'homme, d'un corps d'animal, d'une plante, d'une fleur ou d'un fruit. Bientôt ce fut un amas chimérique des apparences les plus opposées auxquelles vinrent se joindre, en serpentant, en rampant, en grimpant, toutes ces racines aux formes ophidiennes ou bathraciennes, que Buvat avait surprises en flagrant délit de ressemblance avec un reptile quelconque. Enfin, la voûte s'arrondit et servit de repaire à une hydre magnifique, la pièce la plus précieuse de la collection, et aux sept têtes de laquelle Buvat eut l'heureuse idée d'ajouter pour leur donner un air encore plus formidable, des yeux d'émail et des dards de drap écarlate. Il en résulta que lorsque la chose eut atteint toute sa perfection, ce n'était plus qu'avec une certaine hésitation que Buvat approchait de la terrible caverne, et que, dans les premiers temps, pour rien au monde il ne se serait promené la nuit, tout seul, sur la terrasse.

V.

BATHILDE.

L'œuvre babylonienne de Buvat avait duré douze mois. Pendant ces douze mois, Bathilde avait passé de sa quinzième à sa seizième année, de sorte que la gracieuse jeune fille était devenue une femme charmante. C'était pendant cette période, que son voisin Boniface

Denis l'avait remarquée, et avait tant fait que sa mère, qui n'avait rien à lui refuser, après avoir été prendre des informations préalables à une bonne source, c'est-à-dire à la rue Pagevin, avait commencé, sous un prétexte de voisinage, par se présenter chez Buvat et chez sa pupille, et avait fini par les inviter tous deux à venir passer chez elle les soirées du dimanche. L'invitation avait été faite de si bonne grâce, qu'il n'y avait pas eu moyen de refuser, quelque répugnance que Bathilde éprouva de sortir de sa solitude. D'ailleurs Buvat était enchanté qu'une occasion de distraction se présentât pour Bathilde. Puis, au fond, comme il savait que madame Denis avait deux filles, peut-être n'était-il point fâché de jouir, dans cet orgueil paternel dont ne sont point exemptes les meilleures âmes, du triomphe que sa pupille ne pouvait manquer d'obtenir sur mademoiselle Émilie et sur mademoiselle Athénaïs.

Cependant, les choses ne se passèrent point précisément comme le bonhomme les avait d'avance arrangées dans sa tête. Bathilde vit du premier coup-d'œil à qui elle avait à faire, et apprécia la médiocrité de ses rivales; de sorte que, lorsqu'on parla dessin, et qu'on lui fit admirer les têtes, d'après la bosse, de ces demoiselles, elle prétendit n'avoir rien à la maison qu'elle pût montrer, tandis que Buvat savait parfaitement qu'il y avait dans ses cartons une tête d'enfant Jésus et une tête de Saint-Jean, charmantes toutes deux. Ce ne fut pas tout. Lorsqu'on la pria de chanter, après que mesdemoiselles Denis se furent fait entendre, elle prit une simple petite romance en deux couplets qui dura cinq minutes, au lieu du grand air sur lequel avait compté Buvat et qui devait durer trois quarts d'heure. Cependant, au grand étonnement de Buvat, cette conduite parut augmenter singulièrement l'amitié de madame Denis pour la jeune fille, car madame Denis, qui avait entendu d'avance faire un grand éloge des talents de Bathilde, malgré son orgueil maternel, n'était point sans quelque inquiétude sur le résultat d'une lutte artistique entre les jeunes personnes. Bathilde fut donc comblée de caresses par la bonne femme qui, lorsqu'elle fut partie, affirma à tout le monde que c'était une personne pleine de talents et de modestie, et qu'on n'avait rien dit de trop dans les éloges que l'on avait faits sur son compte. Une mercière retirée, ayant même alors voulu élever la voix pour rappeler la position étrange de la pupille vis-à-vis du bonhomme qui lui servait de tuteur, madame Denis imposa silence à cette mauvaise langue, en disant qu'elle connaissait à fond toute cette histoire et qu'il n'y avait pas le moindre détail qui ne fût à l'honneur de ses deux voisins. C'était un léger mensonge que se permettait madame Denis en se prétendant si bien renseignée, mais sans doute Dieu le lui pardonna en faveur de l'intention.

Quant à Boniface, du moment où il ne pouvait pas jouer au cheval fondu ou faire la roue, il était nul, de toute nullité. Il avait donc été ce soir-là d'une stupidité si supérieure, que Bathilde, n'attachant aucune importance à un pareil être, ne l'avait même pas remarqué.

Mais il n'en avait pas été ainsi de Boniface. Le pauvre garçon qui n'était qu'amoureux en voyant Bathilde de loin, était devenu fou en la voyant de près. Il résulta de cette recrudescence de sentiment que Boniface ne quitta plus sa fenêtre, ce qui força tout naturellement Bathilde à fermer la sienne; car, on se le rappelle, M. Boniface habitait alors la chambre occupée depuis par le chevalier d'Harmental.

Cette conduite de Bathilde, dans laquelle il était impossible de voir autre chose qu'une suprême modestie, ne pouvait qu'augmenter la passion de son voisin. Aussi fit-il de telles instances auprès de sa mère, que celle-ci remonta de la rue Pagevin à la rue des Orties, et là apprit par les questions qu'elle fit à une vieille portière devenue à peu près aveugle et tout-à-fait sourde, quelque chose de cette scène mortuaire que nous avons racontée, et dans laquelle Buvat avait joué un si beau rôle. La bonne femme avait oublié les noms des principaux personnages ; elle se rappelait seulement que le père était un bel officier qui avait été tué en Espagne, et la mère une charmante jeune femme qui était morte de douleur et de misère. Ce qui l'avait surtout frappée, et ce qui lui laissait des souvenirs si vifs, c'est que cette catastrophe était arrivée l'année même de la mort de son carlin.

De son côté Boniface s'était mis en quête, et il avait appris par M. Joullu, son procureur, lequel était ami de M. Ladureau, notaire de Buvat, que, chaque année, depuis dix ans, on plaçait chez lui cinq cents francs au nom de Bathilde, lesquels cinq cents francs annuels, réunis aux intérêts, formaient un petit capital de sept ou huit mille francs. Sept ou huit mille francs de capital étaient bien peu de chose pour Boniface qui, de l'aveu de sa mère, pouvait compter sur trois mille livres de rentes; mais enfin ce capital, si chétif qu'il fût, prouvait au moins que si Bathilde était loin d'avoir une fortune, elle n'était pas non plus tout à fait dans la misère.

En conséquence, au bout d'un mois, pendant lequel madame Denis vit que l'amour de Boniface allait toujours croissant, et où l'estime qu'elle avait de son côté pour Bathilde, qui vint encore à deux de ses soirées, ne subit aucune altération, elle se décida à faire la demande en règle. Donc, une après-dînée que Buvat revenait de son bureau à son heure ordinaire, madame Denis l'attendit sur sa porte, et, comme il allait rentrer chez lui, elle lui fit comprendre d'un signe de la main et d'un clignotement de l'œil qu'elle avait quelque chose à lui dire. Buvat comprit parfaitement la provocation, mit galamment le chapeau à la main et suivit madame Denis qui le conduisit dans la chambre la plus reculée de sa maison, ferma les portes pour n'être pas surprise par personne, fit asseoir Buvat, et lorsqu'il fut assis, lui fit majestueusement la demande de la main de Bathilde pour son fils Boniface.

Buvat demeura tout étourdi de la proposition. Il ne lui était jamais venu à l'esprit que Bathilde pût se marier. La vie sans Bathilde lui semblait désormais une chose si impossible pour lui, qu'il changea de couleur à la seule idée d'être abandonnée par elle.

Madame Denis était trop bonne observatrice pour ne pas remarquer l'effet étrange que sa demande avait produit sur le système nerveux de Buvat. Elle ne voulut pas même lui laisser ignorer qu'une chose si importante était passée inaperçue; elle lui offrit un flacon de sels à son usage et qu'elle laissait toujours sur la cheminée, à la vue de tout le monde, pour se donner l'occasion de répéter deux ou trois fois par semaine qu'elle avait les nerfs d'une extrême irritabilité. Buvat, qui avait perdu la tête, au lieu de respirer purement et simplement ces sels à une distance convenable, déboucha le flacon et se le fourra dans le nez. L'effet du tonique fut rapide : Buvat bondit sur ses pieds comme si l'ange d'Habacuc l'avait enlevé par les cheveux ; son visage passa d'un blanc fade au cramoisi le plus foncé ; il éternua pendant dix minutes à se faire sauter la cervelle ; puis enfin, s'étant calmé peu à peu et étant revenu insensiblement à l'état où il se trouvait au moment où la proposition avait été faite, il répondit qu'il comprenait tout ce qu'une pareille proposition avait d'honorable pour sa pupille, mais que, comme madame Denis le savait sans doute, il n'était que le tuteur de Bathilde, qualité qui lui faisait une obligation de lui transmettre la demande, et en même temps un devoir de la laisser parfaitement libre de l'accepter ou de la refuser.

Madame Denis trouva la réplique parfaitement juste et le reconduisit à la porte de la rue, en lui disant qu'en attendant sa réponse elle le priait de la croire sa très-humble servante.

Buvat remonta chez lui et trouva Bathilde fort inquiète : il avait retardé d'une demi-heure sur la pendule, ce qui ne lui était pas arrivé une seule fois depuis dix ans. L'inquiétude de la jeune fille redoubla quand elle vit l'air triste et préoccupé de Buvat. Aussi voulut-elle connaître tout d'abord ce qui causait la mine alongée de son bon ami. Buvat, qui n'avait pas préparé son discours, essaya de reculer l'explication jusqu'après le dîner, mais Bathilde déclara qu'elle ne se mettrait point à table qu'elle ne sût ce qui était arrivé. Force fut donc à Buvat de transmettre, séance tenante, à sa pupille, et sans préparation aucune, la proposition de madame Denis.

Bathilde rougit d'abord comme fait toute jeune fille à qui l'on parle de mariage; puis, prenant dans les siennes, les deux mains de Buvat, qui s'était assis de peur que les jambes lui manquassent, et le regardant en face avec ce doux sourire qui était le soleil du pauvre écrivain :

— Ainsi donc, lui dit-elle, petit père, vous avez assez de votre pauvre fille, et vous voulez vous en débarrasser?

— Moi! dit Buvat, moi ! avoir envie de me débarrasser de toi! Mais c'est moi qui mourrai le jour où tu me quitteras !

— Eh bien! alors, petit père, répondit Bathilde, pourquoi venez-vous me parler de mariage?

— Mais, dit Buvat, parce que... parce que... il faudra bien un jour que tu t'établisses, et que tu ne trouveras peut-être pas plus tard un aussi bon parti, quoique, Dieu merci, ma petite Bathilde mérite un peu mieux qu'un monsieur Boniface.

— Non, petit père, reprit Bathilde, non, je ne mérite pas mieux que M. Boniface, mais...

— Eh bien! mais?

— Mais... je ne me marierai jamais.

— Comment! dit Buvat, tu ne te marieras jamais!

— Pourquoi me marier? demanda Bathilde. Est-ce que nous ne sommes pas heureux comme nous sommes!

— Si fait, nous sommes heureux! Sabre-de-bois! s'écria Buvat, je le crois bien que nous le sommes?

Sabre-de-bois était un honnête juron dont se servait Buvat dans les grandes occasions et qui indiquait les inclinations pacifiques du bonhomme.

— Eh bien! continua Bathilde avec son sourire d'ange, si nous sommes heureux, restons comme nous sommes. Vous le savez, petit père, il ne faut pas tenter Dieu.

— Tiens, dit Buvat, embrasse-moi, mon enfant! Ah! c'est comme si tu venais de m'enlever Montmartre de dessus l'estomac!

— Vous ne désirez donc pas ce mariage? demanda Bathilde en posant ses lèvres sur le front du bonhomme.

— Moi! désirer ce mariage! dit Buvat; moi! désirer te voir la femme de ce petit gueux de Boniface! de ce satané chenapan que j'avais pris en grippe, je ne savais pas pourquoi; je le sais maintenant!

— Si vous ne désirez pas ce mariage, pourquoi m'en parlez-vous?

— Parce que tu sais bien que je ne suis pas ton père, dit Buvat; parce que tu sais bien que je n'ai aucun droit sur toi ; parce que tu sais bien que tu es libre.

— Vraiment, je suis libre! dit en riant Bathilde.

— Libre comme l'air.

— Eh bien! si je suis libre, je refuse.

— Diable! tu refuses, dit Buvat ; j'en suis bien content, c'est vrai; mais comment vais-je dire cela à madame Denis?

— Comment? Dites-lui que je suis trop jeune, dites-lui que je ne veux pas me marier, dites-lui que je veux rester éternellement avec vous.

— Allons dîner, dit Buvat; il me viendra peut-être une bonne idée en mangeant la soupe. C'est drôle! l'appétit m'est revenu tout-à-coup. Tout à l'heure, j'avais l'estomac si serré, que j'aurais cru qu'il me serait impossible d'avaler une goutte d'eau. Maintenant, je boirais la Seine!

Buvat mangea comme un ogre et but comme un Suisse; mais malgré cette infraction à ses habitudes hygiéniques, aucune bonne idée ne lui vint; de sorte qu'il fut obligé de dire tout bonnement à madame Denis que Bathilde était très honorée de sa recherche, mais qu'elle ne voulait pas se marier.

Cette réponse inattendue cassa bras et jambes à madame Denis; elle n'avait jamais cru qu'une pauvre petite orpheline comme Bathilde pût refuser un parti aussi brillant que son fils; elle reçut en conséquence très sèchement le refus de Buvat, et elle répondit que chacun était libre de sa personne, et que si mademoiselle Bathilde voulait rester pour coiffer sainte Catherine, elle en était parfaitement maîtresse.

Mais quand elle réfléchit à ce refus, que dans son orgueil maternel, elle ne pouvait comprendre, les anciennes calomnies qu'elle avait entendu faire autrefois sur la jeune fille et sur son tuteur lui revinrent à l'esprit, et comme elle était alors dans une disposition parfaite pour y croire, elle ne fit plus aucun doute qu'elles ne fussent des vérités avérées. Aussi, lorsqu'elle transmit à Boniface la réponse de sa belle voisine, ajouta-t-elle, pour le consoler de cet échec matrimonial, qu'il était bien heureux que les négociations eussent tourné ainsi, attendu qu'elle avait appris des choses qui, en supposant que Bathilde eût accepté, ne lui eussent pas permis, à elle, de laisser se conclure un pareil mariage.

Il y a plus : madame Denis pensa qu'il n'était point de sa dignité que son fils, après un refus si humiliant, conservât la chambre qu'il habitait en face de Bathilde ; elle lui en fit préparer, sur le jardin, une beaucoup plus grande et beaucoup plus belle, et elle mit immédiatement en location celle que venait de quitter M. Boniface.

Huit jours après, comme M. Boniface, pour se venger de Bathilde, agaçait Mirza, qui se tenait sur sa porte, n'ayant pas jugé qu'il fît assez beau pour risquer ses pattes blanches dehors, Mirza, à qui l'habitude d'être gâtée avait fait un caractère fort irritable, s'était élancée sur M. Boniface et l'avait cruellement mordu au mollet.

C'est ce qui fait que le pauvre garçon, qui avait le cœur encore assez malade et la jambe assez mal guérie, avait si amicalement conseillé à d'Harmental de prendre garde à la coquetterie de Bathilde et de jeter une boulette à Mirza.

VI.

JEUNES AMOURS.

La chambre de M. Boniface resta vacante pendant trois ou quatre mois, puis un jour Bathilde, qui s'était habituée à en voir la fenêtre fermée, en levant les yeux, trouva la fenêtre ouverte; à cette fenêtre elle vit une figure inconnue. C'était celle de d'Harmental.

On voyait peu de figures comme celle du chevalier rue du Temps-Perdu. Aussi, Bathilde, admirablement placée derrière ses rideaux pour voir sans être vue, y fit-elle attention malgré elle. En effet, il y avait dans les traits de notre héros une distinction et une finesse qui ne pouvaient échapper à l'œil d'une femme aussi distinguée que l'était elle-même Bathilde ; ensuite les habits du chevalier, tout simples qu'ils étaient, trahissaient dans celui qui les portait une élégance parfaite ; enfin il avait donné quelques ordres, et ces ordres, prononcés assez haut pour que Bathilde les entendît, avaient été donnés avec cette inflexion de voix dominatrice qui indique dans celui qui la possède une habitude naturelle du commandement.

Quelque chose avait donc dit du premier coup à la jeune fille qu'elle avait sous les yeux un homme fort supérieur sous tous les rapports à celui auquel il succédait dans la possession de la petite chambre, et avec cet instinct si naturel aux gens comme il faut, elle l'avait reconnu tout d'abord pour être de race. Le même jour, le chevalier avait essayé son clavecin. Aux premiers sons de l'instrument, Bathilde avait levé la tête : le chevalier, quoiqu'il ignorât qu'il fût écouté, et peut-être même parce qu'il l'ignorait, s'était laissé aller à des préludes et à des fantaisies qui sentaient leur amateur de première force ; aussi, à ses sons qui semblaient éveiller toutes les cordes musicales de sa propre organisation, Bathilde s'était levée et s'était approchée de la fenêtre pour ne pas perdre une note; car c'était une chose inouie rue du Temps-Perdu qu'une pareille distraction ; c'était alors que d'Harmental avait aperçu contre les vitres les charmants petits doigts de sa voisine et les avait fait disparaître en se retournant avec tant de précipitation, qu'il n'y avait pas eu de doute pour Bathilde qu'elle n'eût été vue à son tour.

Le lendemain, ce fut Bathilde qui pensa qu'il y avait bien long-temps qu'elle n'avait fait de la musique, et qui se mit à son clavecin; elle commença en tremblant très-fort, quoiqu'elle ignorât parfaitement ce qui pouvait la faire trembler ; mais comme après tout elle était excellente musicienne, le tremblement se passa bientôt, et ce fut alors qu'elle exécuta si brillamment ce morceau d'*Armide* qui fut écouté avec tant d'étonnement par le chevalier et l'abbé Brigaud.

Nous avons dit comment, le lendemain matin, le chevalier avait aperçu Buvat, et comment cette connaissance l'avait conduit à apprendre le nom de Bathilde, appelée par son tuteur sur la terrasse, pour y jouir de la vue du jet d'eau en pleine activité. L'apparition de la jeune fille avait fait, on s'en souvient, sur le chevalier, une impression d'autant plus profonde, qu'il était loin de s'attendre, vu le quartier et l'étage, à une semblable vue; et il était encore sous le charme, lorsque l'entrée du capitaine Roquefinette, auquel il avait donné rendez-vous, était venue imprimer une nouvelle direction à ses pensées, qui du reste étaient bientôt revenues à Bathilde.

Le lendemain c'était Bathilde qui, profitant d'un premier rayon de soleil du printemps, était à son tour à la fenêtre : à son tour, elle avait vu les yeux du chevalier fixés ardemment sur elle : elle avait retrouvé cette figure pleine de jeunesse, à laquelle la pensée du projet qu'il avait entrepris donnait une certaine gravité triste; or, tristesse et jeunesse vont si mal ensemble, que cette anomalie l'avait frappé : ce beau jeune homme avait donc un chagrin, puisqu'il était triste. Quel chagrin pouvait-il avoir? On le voit, dès le second jour où elle l'avait aperçu, Bathilde avait été conduite tout naturellement à s'occuper du chevalier.

Cela n'avait point empêché Bathilde de fermer sa fenêtre, mais, de derrière le rideau, elle avait vu la figure triste de d'Harmental se rembrunir encore. Alors elle avait compris instinctivement qu'elle venait de faire de la peine à ce beau jeune homme, et, sans savoir pourquoi, elle s'était mise à son clavecin : n'est-ce point qu'elle se doutait que la musique était la plus habile consolatrice des peines du cœur ?

Le soir, d'Harmental à son tour s'était mis à son clavecin, et c'était Bathilde alors qui avait écouté avec toute son âme cette voix mélodieuse qui parlait d'amour au milieu de la nuit. Malheureusement pour le chevalier, qui, ayant vu se dessiner l'ombre de la jeune fille derrière ses rideaux, commençait à se douter qu'il renvoyait de l'autre côté de la rue les impressions éprouvées, il avait été interrompu au plus beau de son concert par son voisin du troisième; mais cependant le plus fort était fait : il y avait un point de contact entre les deux jeunes gens, et déjà ils se parlaient cette langue du cœur la plus dangereuse de toutes.

Aussi le lendemain matin Bathilde, qui avait rêvé toute la nuit à la musique et quelque peu au musicien, sentant qu'il se passait quelque chose d'étrange et d'inconnu en elle, si attirée qu'elle fût vers sa fenêtre, avait-elle tenu cette fenêtre scrupuleusement fermée;

il en était résulté chez le chevalier ce mouvement d'humeur sous l'impression duquel il était descendu chez madame Denis.

Là il avait appris une grande nouvelle, c'est que Bathilde n'était ni la fille, ni la femme, ni la nièce de Buvat; aussi était-il remonté tout joyeux, et, trouvant la fenêtre ouverte, s'était-il mis, malgré les avis charitables de Boniface, en communication immédiate avec Mirza par le moyen corrupteur des morceaux de sucre. La rentrée inattendue de Bathilde avait interrompu cet exercice; le chevalier, dans son égoïste délicatesse, avait refermé sa fenêtre, mais avant que la fenêtre ne fût refermée, un salut avait été échangé entre les deux jeunes gens : c'était plus que Bathilde n'avait encore accordé à aucun homme non pas qu'elle n'eût salué de temps en temps quelque connaissance de Buvat, mais c'était la première fois qu'elle rougissait en saluant

Le lendemain, Bathilde avait vu le chevalier ouvrir sa fenêtre, et sans qu'elle pût se rendre compte de son action, clouer un ruban ponceau au mur extérieur : ce qu'elle avait remarqué surtout, c'était l'animation extraordinaire répandue sur la figure du chevalier. En effet, comme on se le rappelle, le ruban ponceau était un signal, et en arborant ce signal, le chevalier faisait peut-être le premier pas vers l'échafaud. Une demi-heure après, avait paru, derrière le chevalier, un personnage parfaitement inconnu à Bathilde, mais dont l'apparition n'avait rien de rassurant : c'était le capitaine Roquefinette; aussi Bathilde avait-elle remarqué avec une certaine inquiétude qu'aussitôt que l'homme à la longue épée était entré, le chevalier avait vivement refermé sa croisée.

Le chevalier, comme on s'en doute bien, avait eu une longue conférence avec le capitaine, car il lui avait fallu régler tous les préparatifs de l'expédition du soir : la fenêtre du chevalier était donc restée si long-temps fermée que Bathilde, le croyant sorti, avait pensé pouvoir sans inconvénient ouvrir la sienne.

Mais à peine était-elle ouverte que celle de son voisin, qui avait semblé n'attendre que ce moment pour se mettre en contact avec elle, s'ouvrit à son tour. Heureusement pour Bathilde, qui eût été fort embarrassée de cette coïncidence, elle était alors dans la partie de l'appartement où ne pouvaient plonger les regards du chevalier. Elle résolut donc d'y rester tant que les choses demeureraient dans ce même état, et s'établit près de la seconde croisée qui était fermée.

Mais Mirza, qui n'avait point les mêmes scrupules que sa maîtresse, aperçut à peine le chevalier qu'elle courut à la fenêtre et y appuya ses deux pattes de devant en sautant joyeusement sur ses deux pattes de derrière. Ces agaceries furent récompensées, comme on s'y attend bien, d'un premier, d'un second et d'un troisième morceau de sucre; mais ce troisième morceau de sucre, au grand étonnement de Bathilde, était enveloppé d'un morceau de papier.

Ce morceau de papier inquiéta plus Bathilde que Mirza, car Mirza, que les diablotins et les carrés de sucre de pomme avaient mis au courant de cette plaisanterie, eut bientôt, à l'aide de ses pattes, tiré le morceau de sucre de son enveloppe, et comme elle faisait beaucoup de cas du contenu et fort peu du contenant, elle mangea le sucre, laissa le papier et courut à la fenêtre ; mais il n'y avait plus de chevalier : satisfait, sans doute, de l'adresse de Mirza, il s'était renfermé chez lui.

Bathilde était fort embarrassée, elle avait vu du premier coup d'œil que ce papier renfermait trois ou quatre lignes d'écriture. Or évidemment, de quelque amitié subite que son voisin se fût senti pris pour Mirza, ce n'était point à Mirza qu'il écrivait : la lettre était donc pour Bathilde.

Mais que faire de cette lettre : se lever et la déchirer, c'était certainement bien noble et bien digne ; mais si aussi, comme à la rigueur la chose était possible, ce papier qui avait servi d'enveloppe était écrit depuis longtemps, l'acte de sévérité en question devenait bien ridicule, il indiquait, en outre, qu'on avait pensé que ce pouvait être une lettre, et si ce n'en était pas une, une pareille pensée était bien étrange : Bathilde résolut donc de laisser les choses dans l'état où elles étaient. Le chevalier ne devait pas la croire chez elle puisqu'elle n'avait point paru ; il ne pouvait donc tirer aucune conséquence de ce que la lettre restait intacte, puisque la lettre restait à terre ; elle continua donc de travailler, ou plutôt de réfléchir, cachée derrière son rideau comme probablement le chevalier était caché derrière le sien.

Au bout d'une heure d'attente à peu près pendant laquelle Bathilde, il faut l'avouer, passa bien trois quarts d'heure les yeux fixés sur la lettre, Nanette entra ; Bathilde sans changer de place lui ordonna alors de fermer la fenêtre : Nanette obéit ; mais en revenant elle vit le papier.

— Qu'est-ce que c'est que cela ? demanda

la bonne femme en se baissant pour le ramasser.

— Rien, répondit vivement Bathilde, oubliant que Nanette ne savait pas lire, quelque papier qui sera tombé de ma poche. Puis après une pause d'un instant et un effort visible sur elle-même, — et qu'il faut jeter au feu, ajouta-t-elle.

— Mais cependant si c'était un papier important, dit Nanette. Voyez au moins ce que c'est, notre demoiselle.

Et Nanette présenta à Bathilde le papier tout ouvert, et du côté de l'écriture.

La tentation était trop forte pour y résister.

Bathilde jeta les yeux sur le papier en affectant autant qu'il était à son pouvoir un air d'indifférence, et lut ce qui suit :

« On vous dit orpheline : je suis sans parents ; nous sommes donc frère et sœur devant

Dieu. Ce soir je cours un grand danger, mais j'espérerais en sortir sain et sauf si ma sœur Bathilde voulait prier pour son frère Raoul. »

— Tu avais raison, dit Bathilde d'une voix émue et en prenant le papier des mains de Nanette, ce papier est plus important que je ne croyais, et elle mit la lettre de d'Harmental dans la poche de son tablier.

Cinq minutes après, Nanette qui était entrée comme elle entrait vingt fois par jour, sans motif, sortit de même qu'elle était entrée, et laissa Bathilde seule.

Bathilde n'avait jeté qu'un coup d'œil sur le papier, et il lui en était resté comme un éblouissement. Aussitôt que Nanette eut refermé la porte, elle le rouvrit et elle le lut une seconde fois.

Il était impossible de dire plus de choses en moins de lignes ; d'Harmental eût mis un jour entier à combiner chaque mot de ce billet qu'il avait écrit d'inspiration, qu'il n'aurait pu le rédiger avec plus d'adresse. En effet, il établissait tout d'abord une parité de position qui devait rassurer l'orpheline sur une supériorité sociale quelconque ; il intéressait Bathilde au sort de son voisin, qu'un danger menaçait, danger qui devait paraître d'autant plus grand à la jeune fille qu'il lui demeurait inconnu. Enfin, le mot de frère et sœur, si adroitement glissé à la fin, et pour demander à cette sœur une simple prière pour son frère, excluait de ces premières relations toute idée d'amour.

Aussi, si Bathilde se fût trouvée en face de d'Harmental en ce moment même, au lieu d'être embarrassée et rougissante comme une jeune fille qui vient de recevoir son premier billet d'amour, elle lui eût tendu la main, et lui eût dit en souriant : — Soyez tranquille, je prierai pour vous.

Mais ce qui était resté dans l'esprit de Bathilde, bien autrement dangereux que toutes les déclarations du monde, c'était l'idée de ce péril que courait son voisin. Par une espèce de pressentiment dont elle avait été frappée en lui voyant, d'un visage si différent de sa physionomie ordinaire, clouer à sa fenêtre ce ruban ponceau, qu'il avait enlevé aussitôt l'entrée du capitaine, elle était à peu près sûre que ce danger se rattachait à ce nouveau personnage, qu'elle n'avait point aperçu encore. Mais de quelle façon ce danger se rattachait-il à lui? de quelle nature était ce danger par lui-même? C'est ce qu'il lui était impossible de comprendre. Son idée s'arrêtait bien à un duel; mais pour un homme tel que paraissait le chevalier, un duel ne devait pas être un de ces dangers pour lesquels on réclame la prière d'une femme. D'ailleurs, l'heure indiquée n'était point de celles où les duels ont lieu d'habitude. Bathilde se perdait donc dans ses suppositions ; mais, tout en s'y perdant, elle pensait au chevalier, toujours au chevalier, rien qu'au chevalier ; et s'il avait calculé là-dessus, il faut le dire, son calcul était d'une justesse désespérante pour la pauvre Bathilde.

La journée se passa sans que Bathilde vît reparaître Raoul ; soit manœuvre stratégique, soit qu'il fût occupé ailleurs, sa fenêtre resta obstinément fermée. Aussi, lorsque Buvat rentra, selon son habitude à quatre heures dix minutes, trouva-t-il la jeune fille si fort préoccupée que, quoique sa perspicacité ne fût pas grande en pareille matière, il lui demanda trois ou quatre fois ce qu'elle pouvait avoir : chaque fois Bathilde répondit par un de ces sourires qui faisaient que Buvat, quand elle souriait ainsi, ne pensait plus à rien qu'à la regarder ; il en résulta que, malgré ces interpellations réitérées, Bathilde garda sa préoccupation et son secret.

Après le dîner, le laquais de M. de Chaulieu entra : il venait prier Buvat de passer le soir même chez son maître, qui avait force poésies à lui donner à copier ; l'abbé de Chaulieu était une des meilleures pratiques de Buvat, chez lequel il venait souvent lui-même ; car il avait pris en grande affection Bathilde ; le pauvre abbé devenait aveugle, mais cependant pas au point de ne pouvoir reconnaître et apprécier une jolie figure : il est vrai qu'il ne la voyait qu'à travers un nuage. Aussi, l'abbé de Chaulieu avait-il dit à Bathilde dans sa galanterie sexagénaire, la seule chose qui le consolât, c'est que c'était ainsi qu'on voyait les anges.

Buvat n'eut garde de manquer au rendez-vous, et Bathilde remercia au fond du cœur le bon abbé de ce qu'il lui ménageait ainsi, à elle, une soirée de solitude; elle savait que, lorsque Buvat allait chez M. de Chaulieu, il y faisait ordinairement d'assez longues séances; elle espéra donc que comme d'habitude il y resterait tard. Pauvre Buvat, il sortit sans se douter, que pour la première fois, on désirait son absence.

Buvat était flâneur, comme tout bourgeois de Paris doit l'être. D'un bout à l'autre du Palais-Royal il guigna le long des boutiques, s'arrêtant pour la millième fois devant les mêmes objets qui avaient l'habitude d'éveiller son admiration. En sortant de la galerie, il entendit chanter, et vit un groupe d'hommes et de femmes, il s'y mêla et écouta les chansons. Au moment de la quête il s'éloigna, non point qu'il eût mauvais cœur, non point qu'il eût l'intention de refuser à l'estimable instrumentiste la rétribution à laquelle il avait droit ; mais par une vieille habitude dont l'usage lui avait démontré l'excellence, il sortait toujours sans argent, de sorte que, par quelque chose qu'il fût tenté, il était sûr de ne pas succomber à la tentation. Or, ce soir-là il était fort tenté de mettre un sou dans la sébile du musicien, mais comme il n'avait pas ce sou dans sa poche, force lui fut de s'éloigner.

Il s'achemina donc, comme nous l'avons vu, vers la barrière des Sergents, enfila la rue du Coq, traversa le Pont-Neuf et redescendit le quai Conti jusqu'à la rue Mazarine ; c'était rue Mazarine qu'habitait l'abbé de Chaulieu.

L'abbé de Chaulieu reçut Buvat, dont il

avait, depuis deux ans qu'il le connaissait, apprécié les excellentes qualités, comme il avait l'habitude de le recevoir, c'est-à-dire qu'après force instances de sa part et force difficultés de la part de Buvat, il parvint à le faire asseoir près de lui devant une table chargée de papier; il est vrai que Buvat s'assit tellement sur le bord de sa chaise, et établit l'angle de ses jarrets dans une disposition si parfaitement géométrique, qu'il était difficile de reconnaître d'abord s'il était debout ou assis; cependant peu à peu il s'enfonça sur sa chaise, il mit sa canne entre ses jambes, posa son chapeau à terre et se trouva enfin assis à peu près comme tout le monde.

C'est qu'il ne s'agissait pas ce soir-là de faire une petite séance : il y avait sur la table trente ou quarante pièces de vers différentes, c'est-à-dire près d'un demi volume de poésies à classer. L'abbé de Chaulieu commença par les appeler les unes après les autres et dans leur ordre, tandis qu'à mesure qu'il les appelait, Buvat leur imposait des numéros; puis, ce premier travail fini, comme le bon abbé ne pouvait plus écrire lui-même et que c'était son petit laquais qui lui servait de secrétaire, et qui écrivait sous sa dictée, il passa avec Buvat à un autre genre de travail, c'est-à-dire à la correction métrique et orthographique de chaque pièce, que Buvat rétablissait dans toute son intégrité, à mesure que l'abbé la lui récitait par cœur. Or, comme l'abbé de Chaulieu ne s'ennuyait pas et que Buvat n'avait pas le droit de s'ennuyer, il en résulta que la pendule sonna tout à coup onze heures quand tous deux pensaient qu'il en était à peine neuf.

On en était justement à la dernière pièce;

Buvat se leva tout effrayé d'être forcé de rentrer chez lui à une pareille heure : c'était la première fois qu'une semblable chose lui arrivait ; il roula le manuscrit, l'attacha avec un ruban rose qui avait probablement servi de ceinture à mademoiselle Delaunay, le mit dans sa poche, prit sa canne, ramassa son chapeau et quitta l'abbé de Chaulieu, abrégeant autant qu'il pouvait le congé qu'il prenait de lui. Pour comble de malheur, il n'y avait pas le moindre clair de lune et le temps était couvert. Buvat regretta fort alors de n'avoir pas au moins deux sous dans sa poche pour traverser le bac qui se trouvait à cette époque où se trouve maintenant le pont des Arts; mais nous avons à cet égard expliqué à nos lecteurs la théorie de Buvat, de sorte qu'il fut forcé de tourner, comme il l'avait fait en venant, par le quai Conti; le Pont-Neuf, la rue du Coq et la rue Saint-Honoré.

Tout avait bien été jusque-là et à part la statue de Henri IV, dont Buvat avait oublié l'existence ou la situation, et qui lui fit une grande peur, la Samaritaine, qui, cinquante pas plus loin, se mit tout à coup sans préparation aucune, à sonner la demie, et dont le bruit inattendu fit frissonner des pieds à la tête le pauvre attardé, Buvat n'avait couru aucun péril réel, mais, en arrivant à la rue des Bons-Enfants, tout changea de face : d'abord l'aspect de cette étroite et longue rue, éclairée dans toute son étendue par la lumière tremblante de deux lanternes seulement, n'était point rassurant ; puis elle avait pris ce soir-là, aux yeux effrayés de Buvat, une physionomie toute particulière. Buvat ne savait vraiment s'il était éveillé ou endormi, s'il faisait un songe ou s'il se trouvait en face de quelque vision fantastique de la sorcellerie flamande :

tout lui semblait vivant dans cette rue; les bornes se dressaient sur son passage, tous les enfoncements de porte chuchottaient, des hommes traversaient comme des ombres d'un côté à l'autre; enfin, arrivé à la hauteur du n° 24, il s'était comme nous l'avons dit, arrêté tout court en face du chevalier et du capitaine. C'est alors que d'Harmental, le reconnaissant, l'avait protégé contre le premier mouvement de Roquefinette, en l'invitant à continuer son chemin aussi vite que possible : Buvat ne s'était point fait répéter l'invitation, il était parti en trottant sous lui, avait gagné la place des Victoires, la rue du Mail, la rue Montmartre, et enfin était arrivé à la maison n° 4 de la rue du Temps-Perdu, où cependant il ne s'était cru en sûreté, que lorsqu'il avait vu la porte refermée et verrouillée derrière lui.

Là, il s'était arrêté, avait soufflé un instant, tout en allumant à la veilleuse de l'allée, sa bougie tortillée en queue de rat, puis il s'était mis à monter les degrés; mais c'est alors qu'il avait senti dans ses jambes le contre-coup de l'événement, car ses jambes tremblaient tellement que ce ne fut qu'à grand'peine qu'il parvint au haut de l'escalier.

Quant à Bathilde, elle était restée seule, et de plus en plus inquiète à mesure que la soirée s'avançait. Jusqu'à sept heures, elle avait vu de la lumière dans la chambre de son voisin, mais vers ce moment la lumière avait disparu et les heures suivantes s'étaient écoulées sans que la chambre s'éclairât de nouveau. Alors le temps s'était divisé pour Bathilde en deux occupations: l'une qui consistait à rester debout à sa fenêtre pour voir si son voisin ne rentrait pas, l'autre à aller s'agenouiller devant le crucifix où elle faisait sa prière de tous les soirs. C'est ainsi qu'elle avait entendu successivement sonner neuf heures, dix heures, onze heures et onze heures et demie ; c'est ainsi qu'elle avait entendu s'éteindre les uns après les autres tous ces bruits de la rue, qui finissent par se fondre, dans cette rumeur vague et sourde qui semble la respiration de la ville endormie, et cela, sans que rien vînt lui annoncer que le danger qui menaçait celui qui s'était donné le nom de son frère l'avait atteint ou s'était dissipé. Elle était donc dans sa chambre, sans lumière elle-même pour que personne ne pût voir qu'elle veillait ; agenouillée pour la dixième fois peut-être devant le crucifix, lorsque sa porte s'ouvrit et qu'elle aperçut, à la lueur de sa bougie, Buvat, si pâle et si effaré, qu'elle vit d'abord qu'il lui était arrivé quelque chose, et que se levant tout émue de la crainte qu'elle éprouvait pour un autre, elle s'élança vers lui en lui demandant ce qu'il avait. Mais ce n'était pas une chose facile que de faire parler Buvat dans l'état où il était ; l'ébranlement avait passé de son corps dans son esprit, et sa langue était aussi embarrassée que ses jambes étaient tremblantes.

Cependant, lorsque Buvat se fut assis dans son grand fauteuil, lorsqu'il eut passé son mouchoir sur son front en sueur, lorsqu'il se fut en tressaillant et en se levant à demi retourné deux ou trois fois vers la porte, pour voir si les terribles hôtes de la rue des Bons-Enfans ne le poursuivaient pas jusque chez sa pupille, il commença à bégayer le récit de son aventure, et à raconter comment il avait été arrêté dans la rue des Bons-Enfants par une bande de voleurs, dont le lieutenant, homme féroce et de près de six pieds de haut, allait le mettre à mort, lorsque le capitaine était arrivé et lui avait sauvé la vie. Bathilde l'écouta avec une attention profonde, d'abord, parce qu'elle aimait sincèrement son tuteur, et que l'état où elle le voyait attestait que sérieusement, à tort ou à raison, il avait été frappé d'une grande terreur, ensuite parce que rien de ce qui s'était passé dans cette nuit ne semblait lui devoir être indifférent : si étrange que fût cette idée, la pensée lui vint donc que le beau jeune homme n'était point étranger à la scène dans laquelle le pauvre Buvat venait de jouer un rôle, et elle lui demanda s'il avait eu le temps de voir le jeune capitaine qui était accouru à son aide et lui avait sauvé la vie. Buvat lui répondit qu'il l'avait vu face à face, comme il la voyait elle-même en ce moment, et que la preuve était que c'était un beau jeune homme de 26 ou 28 ans, coiffé d'un grand feutre et enveloppé d'un large manteau; de plus, dans le mouvement qu'il avait fait en étendant la main pour le protéger, le manteau s'était ouvert et avait laissé voir, qu'outre son épée, il avait à la ceinture une paire de pistolets.

Ces détails étaient trop précis pour que Buvat pût être accusé de visionnaire. Aussi, toute préoccupée que Bathilde était, que le danger du chevalier se rattachait à cet événement, elle n'en fut pas moins touchée de celui moins grand sans doute, mais réel cependant, qu'avait couru Buvat, et comme le repos est le remède souverain de toute secousse physique et morale, après avoir offert à Buvat le verre de vin au sucre qu'il se permettait dans les grandes occasions, et qu'il refusa cependant dans celle-ci, elle lui parla de son lit où, depuis deux heures, il aurait dû être. La secousse avait été assez violente pour que Buvat n'éprouvât aucune envie de dormir, et fût même bien convaincu qu'il dormirait assez mal de toute la nuit. Mais il réfléchit qu'en veillant il faisait veiller Bathilde; il la vit le lendemain, les yeux rouges et le teint pâle, et avec son abnégation éternelle de lui, il répondit à Bathilde qu'elle avait raison, qu'il sentait que le sommeil lui ferait du bien, alluma son bougeoir, l'embrassa au front et remonta dans sa chambre, non sans s'être arrêté deux ou trois fois sur l'escalier, pour écouter s'il n'entendrait pas quelque bruit.

Restée seule, Bathilde suivit les pas de Buvat, qui passait de l'escalier dans sa chambre; puis elle entendit le grincement de la porte, qui se fermait à double tour. Alors, presque aussi tremblante que le pauvre écrivain, elle courut à la fenêtre, oubliant, dans son attente anxieuse, toute chose, même la prière.

Elle demeura ainsi encore une heure à peu près, mais sans que le temps eût conservé pour elle aucune mesure : puis tout-à-coup elle poussa un cri de joie. A travers les vitres que n'obstruait aucun rideau, elle venait de voir s'ouvrir la porte de son voisin, et d'Harmental paraissait sur le seuil une bougie à la main. Par un miracle de divination, Bathilde ne s'était pas trompée, l'homme au feutre et au manteau qui avait protégé Buvat, c'était bien le jeune homme inconnu, car le jeune homme inconnu avait un large feutre et un grand manteau. Bien plus, à peine fut-il rentré et eut-il refermé sa porte, avec presque autant de soin et de précaution que Buvat avait fait de la sienne, qu'il jeta son manteau sur une chaise ; sous ce manteau, il avait un justaucorps de couleur sombre et à sa ceinture une épée et des pistolets; il n'y avait donc plus de doute, c'était des pieds à la tête le signalement donné par Buvat. Bathilde put d'autant mieux s'en assurer que d'Harmental, sans rien déposer de tout ce formidable attirail, fit deux ou trois tours dans sa chambre, les bras croisés et réfléchissant profondément; puis il tira ses pistolets de sa ceinture, s'assura qu'ils étaient amorcés, et les déposa sur sa table de nuit, dégrafa son épée, la fit sortir à moitié du fourreau où il la repoussa, et la glissa sous son chevet; puis, secouant la tête comme pour en chasser les idées sombres qui l'obsédaient, il s'approcha de la fenêtre, l'ouvrit et jeta un regard si profond sur celle de la jeune fille, que celle-ci, oubliant qu'elle ne pouvait être vue, fit un pas en arrière en laissant retomber le rideau devant elle comme si l'obscurité dont elle était enveloppée ne suffisait pas pour la dérober à sa vue.

Elle resta ainsi dix minutes immobile en silence et la main appuyée sur son cœur comme pour en comprimer les battements ; puis elle écarta doucement le rideau, mais celui de son voisin était retombé, et elle ne vit plus que son ombre qui passait et repassait avec agitation derrière lui.

VII.

LE CONSUL DUILIUS.

Le lendemain du jour ou plutôt de la nuit où les évènements que nous venons de raconter avaient eu lieu, le duc d'Orléans, qui était rentré au Palais-Royal sans accident, après avoir dormi toute la nuit comme à son ordinaire, passa dans son cabinet de travail à l'heure habituelle, c'est-à-dire vers les onze heures du matin. Grâce au caractère insoucieux dont la nature l'avait doué et qu'il devait surtout à son grand courage, à son mépris pour le danger et à son insouciance de la mort, non seulement il était impossible de remarquer aucun changement dans sa physionomie ordinairement calme et que l'ennui seul avait le privilège d'assombrir, mais encore, selon toute probabilité, il avait déjà, grâce au sommeil, oublié l'évènement singulier dont il avait failli être victime.

Le cabinet dans lequel il venait d'entrer avait cela de remarquable que c'était à la fois celui d'un homme politique, d'un savant et d'un artiste. Ainsi, une grande table couverte d'un tapis vert, chargée de papiers, et enrichie d'encriers et de plumes, tenait bien le milieu de l'appartement, mais autour, sur des pupitres, sur des chevalets, sur des supports, étaient un opéra commencé, un dessin à moitié fait, une cornue aux trois-quarts pleine. C'est que le régent, avec une mobilité d'esprit étrange, passait en un instant des combinaisons les plus profondes de la politique aux fantaisies les plus capricieuses du dessin, et des calculs les plus abstraits de la chimie aux inspirations les plus joyeuses ou les plus sombres de la musique ; c'est que le régent ne craignait rien tant que l'ennui, cet ennemi qu'il combattait sans cesse, sans jamais parvenir à le vaincre entièrement, et qui repoussé ou par le travail, ou par l'étude, ou par le plaisir, se tenait toujours en vue, si l'on peut le dire, comme un de ces nuages de l'horizon sur lesquels, dans les plus beaux jours, le pilote ramène malgré lui les yeux. Aussi le régent n'était-il jamais une heure inoccupé, et tenait-il par conséquent à avoir toujours sous la main les distractions les plus opposées.

A peine entré dans son cabinet, où le conseil ne devait s'assembler que deux heures après, il s'était aussitôt acheminé vers un dessin commencé, qui représentait une scène de Daphnis et Chloé, dont il faisait faire les gravures par un des artistes les plus habiles de l'époque, nommé Audran, et s'était remis à l'ouvrage interrompu la surveille pour la fameuse partie de paume qui avait commencé par un coup de raquette et qui avait fini par le souper chez madame de Sabran. Mais à peine avait-il pris le crayon qu'on vint lui dire que madame Elisabeth-Charlotte, sa mère, avait déjà fait demander deux fois s'il était visible. Le régent, qui avait le plus grand respect pour la princesse palatine, répondit que, non seulement il était visible, mais encore que si Madame était prête à le recevoir, il s'empresserait de passer chez elle. L'huissier sortit pour reporter la réponse du prince, et le prince, qui en était à certaines parties de son dessin, qu'il prisait fort en réalité, se remit à son travail avec toute l'application d'un artiste en verve. Un instant après, la porte se r'ouvrit, mais au lieu de l'huissier, qui devait venir rendre compte de son ambassade, ce fut Madame elle-même qui parut.

Madame, comme on le sait, femme de Philippe 1er, frère du roi, était venue en France après la mort si étrange et si inattendue de madame Henriette d'Angleterre, pour prendre la place de cette belle et gracieuse princesse qui n'avait fait que passer, comme une blanche et pâle apparition. La comparaison, difficile à soutenir pour toute nouvelle arrivante, l'avait donc été bien davantage encore pour la pauvre princesse allemande, qui, s'il faut en croire le portrait qu'elle fait d'elle-même, avec ses petits yeux, son nez court et gros, ses lèvres longues et plates, ses joues pendantes et son grand visage, était loin d'être jolie. Malheureusement encore, la princesse palatine n'était point dédommagée des défauts de sa figure par la perfection de sa taille ; elle était petite et grosse, elle avait le corps et les jambes courtes, et les mains si affreuses, qu'elle avoue elle-même qu'il n'y en avait point de plus vilaines par toute la terre, et que c'est la seule chose de sa pauvre personne à laquelle le roi Louis XIV n'avait jamais pu s'habituer. Mais Louis XIV l'avait choisie, non pas pour augmenter le nombre des beautés de sa cour, mais pour étendre ses prétentions au delà du Rhin. C'est que, par le mariage de son frère avec la princesse palatine, Louis XIV, qui s'était déjà donné des chances d'hérédité sur l'Espagne en épousant l'infante Marie-Thérèse, fille du roi Philippe IV, et sur l'Angleterre, en mariant en premières noces Philippe Ier à la princesse Henriette, unique sœur de Charles II, acquérait de nouveau des droits, éventuels sur la Bavière, et probables sur le Palatinat, en mariant Monsieur en secondes noces à la princesse Élisabeth-Charlotte, dont le frère, d'une santé délicate, pouvait mourir jeune et sans enfants.

Cette prévision s'était trouvée juste ; l'électeur était mort sans postérité, et l'on peut voir dans les mémoires et les négociations pour la paix de Riswick, comment, le moment arrivé, les plénipotentiaires français firent valoir et réussir ses prétentions.

Aussi Madame, au lieu d'être traitée, à la mort de son mari, comme le portait son contrat de mariage, c'est-à-dire, au lieu d'être forcée d'entrer dans un couvent ou de se retirer dans le vieux château de Montargis, fut-elle, malgré la haine de madame de Maintenon, qu'elle s'était attirée, maintenue par Louis XIV dans tous les titres et honneurs dont elle jouissait du vivant de Monsieur, et cela, quoique le roi n'eût jamais oublié le soufflet aristocratique qu'elle avait donné au jeune duc de Chartres en pleine galerie de Versailles, lorsque celui-ci lui avait annoncé son mariage avec mademoiselle de Blois. En effet, la fière Palatine, à cheval sur ses trente-deux quartiers paternels et maternels, regardait comme une grande et humiliante mésalliance que son fils épousât une femme que la légitimation royale ne pouvait empêcher d'être le fruit d'un double adultère ; et, dans le premier moment, incapable de maîtriser ses sentiments, elle s'était vengée par cette correction maternelle, un peu exagérée, quand c'est un jeune homme de dix-huit ans qui en est l'objet, de l'affront imprimé à ses ancêtres dans la personne de ses descendants. Au reste, comme le jeune duc de Chartres consentait lui-même à ce mariage à contre-cœur, il comprit très-bien l'humeur que sa mère avait éprouvée en l'apprenant, quoiqu'il eût préféré sans doute qu'elle le manifestât d'une manière un peu moins tudesque. Il en résulta que lorsque Monsieur mourut et que le duc de Chartres devint duc d'Orléans à son tour, sa mère, qui eût pu craindre que le soufflet de Versailles eût laissé quelque souvenir dans le nouveau maître du Palais-Royal, trouva au contraire en lui un fils plus respectueux que jamais. Ce respect ne fit d'ailleurs que s'augmenter, et, devenu régent, le fils fit à la mère une position égale à celle de sa femme. Il y avait plus : madame de Berry, sa fille bien aimée, ayant demandé à son père une compagnie de gardes, à laquelle elle prétendait avoir droit, comme femme d'un dauphin de France, le régent ne la lui accorda qu'en donnant l'ordre en même temps qu'une compagnie pareille fît le service chez sa mère.

Madame était donc dans une haute position au château, et si malgré cette position, elle n'avait aucune influence politique, c'est que le régent avait toujours eu pour principe de ne laisser prendre aux femmes aucune part aux affaires d'état. Peut-être même, ajoutons-le, Philippe II, régent de France, était-il encore plus réservé vis à vis de sa mère que vis à vis de ses maîtresses, car il savait les goûts épistolaires de celle-ci, et ne voulait pas que ses projets défrayassent la correspondance journalière que sa mère entretenait avec la princesse Wilhelmine Charlotte de Galles et le duc Antoine Ulric de Brunswich. En échange et pour la dédommager de cette retenue, il lui laissait le gouvernement intérieur de la maison de ses filles que, grâce à sa grande paresse, madame la duchesse d'Orléans abandonnait sans difficultés à sa belle-mère. Mais sous ce rapport, la pauvre palatine, s'il faut en croire les mémoires du temps, n'était point heureuse. Madame de Berry vivait publiquement avec Riom, et mademoiselle de Valois était secrètement la maîtresse de Richelieu qui, sans que l'on sût de quelle façon et comme s'il eût eu l'anneau enchanté de Gygès, parvenait à s'introduire jusque dans ses appartements, malgré les gardes qui veillaient aux portes, malgré les espions dont l'entourait le régent, et quoique lui-même se fût plus d'une fois caché jusque dans la chambre de sa fille pour y faire le guet. Quant à mademoiselle de Chartres, dont le caractère jusqu'alors avait pris un développement bien plus masculin que féminin, elle avait semblé, en se faisant pour ainsi dire homme, elle-même, oublier que les hommes existassent, lorsque, quelques jours avant celui auquel nous sommes arrivés, se trouvant à l'Opéra et entendant son maître de musique, Cauchereau, beau et spirituel ténor de l'Académie royale, qui dans une scène d'amour filait un son d'une pureté parfaite et d'une expression des plus passionnées, la jeune princesse, emportée sans doute par un sentiment tout artistique, avait étendu les bras et s'était écriée tout haut : Ah ! mon cher Cauchereau ! Cette exclamation inattendue avait, comme on le pense bien, donné très fort à songer à la duchesse sa mère qui avait aussitôt fait congédier le beau ténor, et, prenant le dessus sur son apathique insouciance, s'était décidée à veiller elle-même désormais sur sa fille, qu'elle tenait très sévèrement depuis lors. Restaient la princesse Louise qui fut plus tard reine d'Espagne, et mademoiselle Élisabeth, qui devint duchesse de Lorraine ; mais de celles-ci, l'on n'en parlait point, soit qu'elles fussent réellement sages, soit qu'elles sussent mieux contenir que leurs aînées les sentiments de leur cœur, ou les accents de leur passion.

Dès que le prince vit paraître sa mère, il se douta donc qu'il y avait encore quelque chose de nouveau dans le troupeau rebelle dont elle avait pris la direction, et qui lui donnait de si grands soucis; mais comme aucune inquiétude ne pouvait lui faire oublier le respect qu'en public ou en particulier il témoignait toujours à Madame, il se leva en l'apercevant, alla droit à elle, et après l'avoir saluée, la prit par la main et la conduisit à un fauteuil, tandis que lui-même restait debout.

—Eh bien! Monsieur mon fils, dit Madame

avec un accent allemand fortement prononcé, et lorsqu'elle se fut bien carrément assise dans son fauteuil, qu'est-ce que j'apprends encore, et quel évènement a donc manqué vous arriver hier soir ?

— Hier soir, dit le régent en rappelant ses souvenirs et en l'interrogeant lui-même.

— Oui, reprit la palatine, hier soir, en sortant de chez madame de Sabran ?

— Oh ! n'est-ce que cela ? reprit le prince.

— Comment ! n'est-ce que cela ! Votre ami Simiane va disant partout qu'on a voulu vous enlever, et que vous n'avez échappé qu'en vous sauvant par dessus les toits ; singulier chemin, vous en conviendrez, pour le régent du royaume, et où je doute que, quelque dévoûment qu'ils aient pour vous, vos ministres consentent à aller tenir leur conseil!

— Simiane est fou, ma mère, répondit le régent, ne pouvant s'empêcher de rire de ce que sa mère le grondait toujours comme s'il était un enfant. Ce n'étaient pas le moins du monde des gens qui me voulaient enlever, mais quelques bons compagnons qui, en sortant des cabarets de la barrière des Sergents, seront venus faire leur tapage rue des Bons-Enfants. Quant au chemin que nous avons suivi, ce n'était pas le moins du monde pour fuir, que nous le prenions, mais bien pour gagner un parique cet ivrogne de Simiane est furieux d'avoir perdu.

— Mon fils, mon fils! dit la palatine en secouant la tête, vous ne voulez jamais croire au danger, et cependant vous savez ce dont vos ennemis sont capables. Ceux qui calomnient l'âme, ne se feraient pas grand scrupule, croyez-moi, de tuer le corps; et vous savez ce que la duchesse du Maine a dit : « Que le jour où elle verrait qu'il n'y avait décidément rien à faire de son bâtard de mari, elle vous demanderait une audience, et vous enfoncerait un couteau dans le cœur. »

— Bath! ma mère, reprit le régent en riant, seriez-vous devenue assez bonne catholique pour ne plus croire à la prédestination? J'y crois, moi, vous le savez. Que voulez-vous donc que je me torture l'esprit pour éviter un danger ou qui n'existe pas, ou qui, s'il existe, a d'avance son résultat écrit sur le livre éternel? Non, ma mère, non, toutes ces précautions exagérées sont bonnes à assombrir la vie, et pas à autre chose. C'est aux tyrans de trembler; mais moi, moi qui suis, à ce que prétend Saint-Simon, l'homme le plus débonnaire qui ait existé depuis Louis-le-Débonnaire, que voulez-vous donc que j'aie à craindre?

— Oh! mon Dieu, rien, mon cher fils, dit la palatine en prenant la main du prince, et en le regardant avec toute la tendresse maternelle que pouvaient contenir ses petits yeux ; rien, si tout le monde vous connaissait comme moi, et vous savait si parfaitement bon que vous n'avez pas même la force de haïr vos ennemis; mais Henri IV, auquel malheureusement vous ressemblez un peu trop sous certains rapports, était bon aussi, et cependant il n'en a pas moins trouvé un Ravaillac. Hélas! *mein Gott!* continua la princesse, en entremêlant son jargon français d'une exclamation franchement allemande, ce sont les bons rois qu'on assassine; les tyrans prennent leurs précautions, et le poignard n'arrive pas jusqu'à eux. Vous ne devriez jamais sortir sans escorte. C'est vous, et non pas moi, mon fils, qui avez besoin d'un régiment de gardes.

— Ma mère, reprit en riant le régent, voulez-vous que je vous raconte une histoire?

— Oui, sans doute, dit la princesse palatine, car vous racontez fort élégamment.

— Eh bien! vous saurez donc qu'il y avait à Rome, je ne me rappelle plus vers quelle année de la république, un consul fort brave, mais qui avait ce malheur commun à Henri IV et à moi, de courir les rues la nuit. Il arriva que ce consul fut envoyé contre les Carthaginois, et qu'ayant inventé une machine de guerre appelée un corbeau, il gagna sur eux la première bataille navale que les Romains eussent remportée, si bien qu'il revint à Rome, se faisant d'avance une fête du redoublement de bonnes fortunes que lui vaudrait sans doute son redoublement de réputation. Il ne se trompait pas : toute la population l'attendait hors des portes de la ville, afin de le conduire en triomphe au Capitole, où l'attendait de son côté le sénat.

Or, le sénat, en le voyant paraître, lui annonça qu'il venait, en récompense de sa victoire, de lui décerner un honneur qui devait éminemment flatter son amour-propre : c'est qu'il ne sortirait plus que précédé d'un musicien qui annoncerait à tous, en jouant de la flûte, que celui qui le suivait était le fameux Duilius, vainqueur des Carthaginois. Duilius, comme vous le comprenez bien, ma mère, fut au comble de la joie d'une pareille distinction ; il s'en revint chez lui, la tête haute et précédé de son flûteur, qui jouait tout son répertoire aux grandes acclamations de la multitude, laquelle de son côté, criait à tue-tête : Vive Duilius ! vive le vainqueur des Carthaginois ! vive le sauveur de Rome ! C'était quelque chose de si enivrant que le pauvre consul faillit en perdre la tête, et deux fois dans la journée il sortit de chez lui, quoiqu'il n'eût rien à faire au monde par la ville, mais seulement pour jouir de la prérogative sénatoriale et entendre cette musique triomphale et les cris qui l'accompagnaient. Cette occupation le conduisit jusqu'au soir dans un état de jubilation difficile à exprimer ; puis le soir vint. Le vainqueur avait une maîtresse qu'il aimait fort et qu'il lui tardait de revoir, une espèce de madame de Sabran, sauf le mari qui s'avisait d'être jaloux, tandis que le nôtre, vous le savez, n'a pas ce ridicule.

Le consul se mit donc au bain, fit sa toilette, se parfuma de son mieux, et, onze heures arrivées à son horloge de sable, sortit sur la pointe du pied pour gagner la rue Suburrane, mais il avait compté sans son hôte, ou plutôt sans son musicien. A peine eut-il fait quatre pas, que celui-ci, qui était attaché à son service le jour comme la nuit, s'élança de la borne sur laquelle il était assis, et reconnaissant son consul, se mit à marcher devant lui en soufflant de toutes ses forces dans son instrument, si bien que ceux qui se promenaient encore par les rues se retournaient, que ceux qui étaient rentrés chez eux se mettaient à leur porte, et que ceux qui étaient couchés se levaient et ouvraient leur fenêtre, répétant en chœur : — Ah! ah! voici le consul Duilius qui passe! Vive Duilius! vive le vainqueur des Carthaginois! vive le sauveur de Rome! C'était fort flatteur, mais fort inopportun; aussi le consul voulait-il faire taire son instrumentiste; mais celui-ci déclara qu'il avait les ordres les plus précis du sénat pour ne point garder le silence un seul instant, qu'il avait dix mille sesterces par an pour souffler dans sa tubicine, et qu'il y soufflerait tant qu'il lui resterait une haleine.

Le consul voyant qu'il était inutile de discuter avec un homme qui avait pour lui une ordonnance du sénat, se mit à courir, espérant échapper à son mélodieux compagnon, mais celui-ci régla son allure sur la sienne avec tant de précision, que tout ce qu'il y put gagner, ce fut d'être suivi de son musicien au lieu d'être précédé par lui. Il eut beau ruser comme un lièvre, prendre un grand parti comme un chevreuil, piquer droit comme un sanglier, le maudit flûteur ne perdit pas une seconde sa piste, de sorte que Rome tout entière ne comprenant rien à cette course nocturne, mais sachant seulement que c'était le triomphateur de la veille qui l'exécutait, descendit dans la rue, se mit à ses fenêtres et à ses portes, criant : — Vive Duilius ! vive le vainqueur des Carthaginois ! vive le sauveur de Rome ! Le pauvre grand homme avait une dernière espérance, c'est qu'au milieu de tout ce remue-ménage il trouverait la maison de sa maîtresse endormie, et qu'il pourrait se glisser par la porte qu'elle lui avait promis de tenir entr'ouverte. Mais point! La rumeur générale avait gagné la voie Suburrane, et, lorsqu'il arriva devant cette gracieuse et hospitalière maison à la porte de laquelle il avait si souvent versé des parfums et suspendu des guirlandes, il trouva qu'elle était éveillée comme les autres, et vit à la fenêtre le mari qui, du plus loin qu'il l'aperçut, se mit à crier : — Vive Duilius! vive le vainqueur des Carthaginois! vive le sauveur de Rome! Le héros rentra chez lui désespéré.

Le lendemain, il pensait avoir meilleur marché de son musicien, mais son espérance fut trompée; il en fut de même du surlendemain et des jours suivants, de sorte que le consul, voyant qu'il lui était désormais impossible de garder son incognito, repartit pour la Sicile, où, de colère, il battit de nouveau les Carthaginois, mais cette fois si cruellement, que l'on crut que c'en était fini de toutes les guerres puniques passées et à venir, et que Rome entra dans une telle joie, qu'on en fit des réjouissances publiques pareilles à celles que l'on faisait pour l'anniversaire de la ville, et que l'on se proposa de faire au vainqueur un triomphe encore plus magnifique que le premier.

Quant au sénat, il s'assembla afin de délibérer avant l'arrivée de Duilius sur la nouvelle récompense qui lui serait accordée.

On allait aux voix sur une statue publique,

lorsqu'on entendit tout-à-coup de grands cris de joie, et le son d'une tubicine. C'était le consul qui se dérobait au triomphe, grace à la diligence qu'il avait faite, mais qui n'avait pu se dérober à la reconnaissance publique, grace à son joueur de flûte. Se doutant qu'on lui préparait quelque chose de nouveau, il venait prendre part à la délibération. Il trouva en effet le sénat prêt à voter et la boule à la main. Alors, s'avançant à la tribune :

— Pères conscrits, dit-il, votre intention, n'est-ce pas, est de me voter une récompense qui me soit agréable?

— Notre intention, répondit le président, est de faire de vous l'homme le plus heureux de la terre.

— Eh bien! reprit Duilius, voulez-vous me

permettre de vous demander la chose que je désire le plus?

— Dites, dites, crièrent les sénateurs d'une seule voix.

— Et vous me l'accorderez? continua Duilius avec toute la timidité du doute.

— Par Jupiter! nous vous l'accorderons, répondit le président au nom de toute l'assemblée.

— Eh bien! dit Duilius, pères conscrits, si vous croyez que j'ai bien mérité de la patrie, ôtez-moi, en récompense de cette seconde victoire, ce maraud de joueur de flûte que vous m'avez donné pour la première.

Le sénat trouva la demande étrange; mais il était engagé par sa parole et c'était l'époque où il n'y manquait pas encore. Le joueur de flûte eut en pension viagère la moitié de ses appointements, vu le bon témoignage qui avait été rendu de lui, et le consul Duilius, enfin débarrassé de son musicien, retrouva incognito et sans bruit la porte de cette petite maison de la rue Suburrane, qu'une victoire lui avait fermée, et qu'une victoire lui avait rouverte.

— Eh bien! demanda la palatine, quel rapport a cette histoire avec la peur que j'ai de vous voir assassiné?

— Quel rapport, ma mère? dit en riant le prince; c'est que si, pour un seul musicien qu'avait le consul Duilius, il lui arriva un pareil désappointement, jugez donc de ce qui m'arriverait, à moi, avec mon régiment de gardes!

— Ah! Philippe, Philippe! reprit la princesse en riant et en soupirant à la fois; traiterez-vous toujours si légèrement les choses sérieuses?

— Non point, ma mère, dit le régent; et la preuve, c'est que, comme je présume que vous n'êtes pas venue ici dans la seule intention de me faire de la morale sur mes courses nocturnes, et que c'était pour me parler d'affaires, je suis prêt à vous écouter et à vous répondre sérieusement sur le sujet de votre visite.

— Oui, vous avez raison, dit la princesse, j'étais en effet venue pour autre chose; j'étais venue pour vous parler de Mademoiselle de Chartres.

— Ah! oui, de votre favorite, ma mère, car, vous avez beau le nier, Louise est votre favorite. Ne serait-ce point parce qu'elle n'aime guères ses oncles, que vous n'aimez pas du tout?

— Non, ce n'est point cela, quoique j'avoue qu'il m'est assez agréable de voir qu'elle est de mon avis sur la bonne opinion que j'ai des bâtards; mais c'est qu'à la beauté près qu'elle a et que je n'avais pas, elle est exactement ce que j'étais à son âge, ayant de vrais goûts de garçon, aimant les chiens, les chevaux et les cavalcades, maniant la poudre comme un artilleur, et faisant des fusées comme un artificier. Eh bien! devinez ce qui nous arrive avec elle!

— Elle veut s'engager dans les gardes françaises?

— Non pas, elle veut se faire religieuse!

— Religieuse! Louise! impossible, ma mère! C'est quelque plaisanterie de ses folles de sœurs!

— Non point, Monsieur, reprit la Palatine,

il n'y a rien de plaisant dans tout cela, je vous jure.

— Et comment diable cette belle rage claustrale lui a-t-elle pris? demanda le régent, commençant à croire à la vérité de ce que lui disait sa mère, et habitué qu'il était à vivre dans une époque où les choses les plus extravagantes étaient toujours les plus probables.

— Comment cela lui a pris? continua Madame; demandez à Dieu ou au diable, car il n'y a que l'un ou l'autre des deux qui le puisse savoir. Avant-hier elle avait passé la journée avec sa sœur, montant à cheval, tirant au pistolet, riant et se divertissant si fort que jamais je ne l'avais vue dans une telle gaîté, quand le soir Mme d'Orléans me fit prier de passer dans son cabinet. Là je trouvai Mlle de Chartres qui était aux genoux de sa mère et qui la

priait tout en larmes de la laisser aller faire ses dévotions à l'abbaye de Chelles. Sa mère se retourna alors de mon côté et me dit:
« Que pensez-vous de cette demande, madame ?

—Je pense, répondis-je, que l'on fait également bien ses dévotions partout, que le lieu n'y fait rien, et que tout dépend de l'épreuve et de la préparation. » Mais en entendant mes paroles, Mlle de Chartres redoubla de prières, et cela avec tant d'instances que je dis à sa mère : « Voyez, ma fille, c'est à vous de décider. — Dam, répondit la duchesse, on ne saurait cependant empêcher cette pauvre enfant de faire ses dévotions. — Qu'elle y aille donc, repris-je, et Dieu veuille qu'elle y aille bien dans cette intention! — Je vous jure, madame, dit alors Mlle de Chartres, que j'y vais bien pour Dieu seul et qu'aucune idée mondaine ne m'y conduit. » Alors elle nous embrassa, et hier matin à sept heures elle est partie.

— Eh bien ! je sais tout cela, puisque c'est moi qui devais l'y conduire, répondit le régent. Il est donc arrivé quelque chose depuis ?

— Il est arrivé, reprit Madame, qu'elle a renvoyé hier soir la voiture en chargeant le cocher de nous remettre une lettre adressée à vous, à sa mère et à moi, dans laquelle elle nous déclare que, trouvant dans ce cloître la tranquillité et la paix qu'elle n'espérerait pas rencontrer dans le monde, elle n'en veut plus sortir.

— Et que dit sa mère de cette belle résolution ? demanda le régent en prenant la lettre.

— Sa mère? reprit Madame, sa mère en est fort contente, je crois, si vous voulez que je vous dise mon opinion; car elle aime les couvents et elle regarde comme un grand bonheur pour sa fille de se faire religieuse; mais moi, je dis qu'il n'y a pas de bonheur là où il n'y a pas de vocation.

Le régent lut et relut la lettre comme pour deviner, dans cette simple manifestation du désir exprimé par mademoiselle de Chartres de rester à Chelles, les causes secrètes qui avaient fait naître ce désir; puis, après un instant de méditation aussi profonde que s'il se fût agi du sort d'un empire :

— Il y a là-dessous quelque dépit d'amour, dit-il. Est-ce qu'à votre connaissance, ma mère, Louise aimerait quelqu'un?

Madame raconta alors au régent l'aventure

de l'Opéra, et l'exclamation échappée de la bouche de la princesse dans son enthousiasme pour le beau ténor.

— Diable! diable! dit le régent. Et qu'avez-vous fait, la duchesse d'Orléans et vous, dans votre conseil maternel?

— Nous avons mis Cauchereau à la porte, et interdit l'Opéra à mademoiselle de Chartres. Nous ne pouvions pas faire moins.

— Eh bien! reprit le régent, il n'y a pas besoin d'aller chercher plus loin; tout est là, il faut la guérir au plus tôt de cette fantaisie.

— Et qu'allez-vous faire pour cela, mon fils?

— J'irai aujourd'hui même à l'abbaye de Chelles, j'interrogerai Louise; si la chose n'est qu'un caprice, je laisserai au caprice le temps de se passer. Elle a un an ponr faire ses vœux; j'aurai l'air d'adopter sa vocation, et au moment de prendre le voile, c'est elle qui viendra nous prier la première de la tirer de l'embarras où elle se sera mise. Si la chose est grave, au contraire, alors ce sera bien différent.

— Mon Dieu, mon fils, dit Madame en se levant, songez que le pauvre Cauchereau n'est probablement pour rien là-dedans, et qu'il ignore peut-être lui-même la passion qu'il a inspirée.

— Tranquillisez-vous, ma mère, répondit le prince en riant de l'interprétation tragique qu'avec ses idées d'outre-Rhin la palatine avait donnée à ces paroles; je ne renouvellerai pas la lamentable histoire des amants du Paraclet; la voix de Cauchereau ne perdra, ni ne gagnera une seule note dans toute cette aventure, et l'on ne traite pas une princesse du sang par les mêmes moyens qu'une petite bourgeoise.

— Mais d'un autre côté, dit Madame presque aussi effrayée de l'indulgence réelle du duc qu'elle l'avait été de sa sévérité apparente, pas de faiblesse non plus !

— Ma mère, dit le régent, à la rigueur, si elle doit tromper quelqu'un, j'aimerais mieux encore que ce fût son mari que Dieu.

Et, baisant avec respect la main de sa mère, il conduisit vers la porte la pauvre princesse palatine, toute scandalisée de cette facilité de mœurs au milieu de laquelle elle mourut sans jamais avoir pu s'y habituer. Puis, la princesse étant sortie, le duc d'Orléans alla se rasseoir devant son dessin en chantonnant un air de son opéra de *Panthée,* qu'il avait fait en collaboration avec Lafare.

En traversant l'antichambre, Madame vit venir à elle un petit homme perdu dans de grandes bottes de voyage, et dont la tête était enfouie dans l'immense collet d'une redingote doublée de fourrure. Arrivé à sa portée, il sortit du milieu de son surtout une petite tête au nez pointu, aux yeux railleurs, et à la physionomie tenant à la fois de la fouine et du renard.

— Ah! ah! dit la Palatine, c'est toi, l'abbé.

—Moi-même, Votre Altesse, et qui viens de sauver la France, rien que cela!

— Oui, répondit la Palatine, j'ai entendu dire quelque chose d'approchant, et encore qu'on se servait de poisons dans certaines maladies. Tu dois savoir cela, Dubois, toi qui es fils d'un apothicaire.

— Madame, répondit Dubois, avec son insolence ordinaire, peut-être l'ai-je su, mais je l'ai oublié. Comme Votre Altesse le sait, j'ai quitté fort jeune les drogues de monsieur mon père pour faire l'éducation de monsieur votre fils.

— N'importe, n'importe, Dubois, dit la Palatine en riant, je suis contente de ton zèle, et s'il se présente une ambassade en Chine ou en Perse, je la demanderai pour toi au régent.

— Et pourquoi pas dans la lune ou dans le soleil? reprit Dubois; vous seriez encore plus sûre de ne pas m'en voir revenir.

Et saluant cavalièrement Madame, après cette réponse, sans attendre qu'elle le congédiât, comme l'étiquette l'eût ordonné, il tourna sur ses talons et entra sans même se faire annoncer dans le cabinet du régent.

VIII.

L'ABBÉ DUBOIS.

Tout le monde sait les commencements de l'abbé Dubois; nous ne nous étendrons donc pas sur la biographie de ses jeunes années, que l'on trouvera dans tous les mémoires du temps, et particulièrement dans ceux de l'implacable Saint-Simon.

Dubois n'a point été calomnié : c'était chose impossible ; seulement on a dit de lui tout le mal qu'il méritait, et l'on n'a pas dit tout le bien qu'on pouvait en dire. Il y avait dans ses antécédens et dans ceux d'Alberoni, son rival, une grande similitude ; mais, il faut le dire, le génie était pour Dubois, et dans cette longue lutte avec l'Espagne, que la nature de notre sujet nous force d'indiquer seulement, tout l'avantage fut au fils de l'apothicaire contre le fils du jardinier.

Dubois précédait Figaro, auquel il a peut-être servi de type, mais, plus heureux que lui, il était passé de l'office au salon et du salon à la salle du trône.

Tous ces avancements successifs avaient payé non seulement des services particuliers, mais aussi des services publics : c'était un de ces hommes qui, pour nous servir de l'expression de monsieur Talleyrand, ne parviennent pas, mais qui arrivent.

Sa dernière négociation était son chef-d'œuvre : c'était plus que la ratification du traité d'Utrecht, c'était un traité plus avantageux encore pour la France. L'empereur, non seulement renonçait à tous ses droits sur la couronne d'Espagne, comme Philippe V avait renoncé à tous ses droits sur la couronne de France, mais encore il entrait, avec l'Angleterre et la Hollande, dans la ligue formée à la fois contre l'Espagne au midi, et contre la Suède et la Russie au nord.

La division des cinq ou six grands états de l'Europe était établie par ce traité sur une base si juste et si solide, qu'après cent vingt ans de guerres, de révolutions et de bouleversements, tous ces états, moins l'empire, se retrouvent aujourd'hui à peu près dans la même situation où ils étaient alors.

De son côté, le régent, peu rigoriste de sa nature, aimait cet homme qui avait fait son éducation et dont il avait fait la fortune. Le régent appréciait dans Dubois les qualités qu'il avait, et n'osait blâmer trop fort quelques vices dont il n'était point exempt. Cependant il y avait entre le régent et Dubois un abîme : les vices et les vertus du régent étaient ceux d'un grand seigneur, les qualités et les défauts de Dubois étaient ceux d'un laquais. Aussi le régent avait-il beau lui dire, à chaque faveur nouvelle qu'il lui accordait :

— Dubois, Dubois, fais-y bien attention;

ce n'est qu'un habit de livrée que je te mets sur le dos!

Dubois, qui s'inquiétait du don et non point de la manière dont il était fait, lui répondait avec cette grimace de singe et ce bredouillement de cuistre qui n'appartenaient qu'à lui :

— Je suis votre valet, monseigneur ; habillez-moi toujours de même.

Au reste, Dubois aimait fort le régent et lui était on ne peut plus dévoué. Il sentait bien que cette main puissante le soutenait seule au-dessus du cloaque dont il était sorti, et dans lequel, haï et méprisé comme il l'était de tous, un signe du maître pouvait le faire retomber. Il veillait donc avec un intérêt tout personnel sur les haines et sur les complots qui pouvaient atteindre le prince, et plus d'une fois, à l'aide d'une contre-police, souvent mieux servie que celle du lieutenant-général, et qui s'étendait, par madame de Tencin, aux plus hauts degrés de l'aristocratie, et par la Fillon, au plus bas étage de la société, il avait déjoué des conspirations dont messire Voyer d'Argenson n'avait pas même entendu souffler le mot.

Aussi, le régent qui appréciait les offices de tous genres que Dubois lui avait rendus et pouvait lui rendre encore, reçut-il l'abbé ambassadeur les bras ouverts. Dès qu'il le vit paraître, il se leva, et au contraire des princes ordinaires qui, pour diminuer la récompense, déprécient les services :

—Dubois, lui dit-il joyeusement, tu es mon meilleur ami, et le traité de la quadruple alliance sera plus profitable au roi Louis XV que toutes les victoires de son aïeul Louis XIV.

— A la bonne heure! dit Dubois, et vous me rendez justice, vous, monseigneur; mais malheureusement il n'en est pas de même de tout le monde.

— Ah! ah! dit le régent, aurais-tu rencontré ma mère? elle sort d'ici.

— Justement, et elle était presque tentée d'y rentrer pour vous demander, vu la bonne réussite de mon ambassade, de m'en accorder une autre en Chine ou en Perse.

— Que veux-tu, mon pauvre abbé! reprit en riant le prince; ma mère est pleine de préjugés, et elle ne te pardonnera jamais d'avoir fait de son fils un pareil élève; mais tranquillise-toi, l'abbé, j'ai besoin de toi ici.

— Et comment se porte Sa Majesté? demanda Dubois, avec un sourire plein d'une détestable espérance. Il était bien malingre au moment de mon départ !

— Bien, l'abbé, très bien, répondit gravement le prince. Dieu nous le conservera, je l'espère, pour le bonheur de la France et pour la honte de nos calomniateurs.

— Et monseigneur le voit, comme d'habitude, tous les jours?

— Je l'ai encore vu hier, et je lui ai même parlé de toi.

— Bah! et que lui avez-vous dit?

— Je lui ai dit que tu venais d'assurer probablement la tranquillité de son règne.

— Et qu'a répondu le roi?

— Ce qu'il a répondu? il a répondu, mon

cher, qu'il ne croyait pas les abbés si utiles.

— Sa Majesté est pleine d'esprit! Et le vieux Villeroy était là sans doute?

— Comme toujours.

— Il faudra quelque beau matin, avec la permission de votre Altesse, que j'envoie ce vieux drôle voir à l'autre bout de la France si j'y suis. Il commence à me lasser pour vous, avec son insolence!

— Laisse faire, Dubois, laisse faire; toute chose viendra en son temps.

— Même mon archevêché?

— A propos, qu'est-ce que cette nouvelle folie?

— Nouvelle folie? monseigneur! Sur ma parole, rien n'est plus sérieux.

— Comment! cette lettre du roi d'Angleterre, qui me demande un archevêché pour toi?...

— Votre Altesse n'en a-t-elle point reconnu le style?

— C'est toi qui l'a dictée, maraud!

— A Néricault Destouches, qui l'a fait signer au roi.

— Et le roi l'a signée comme cela, sans rien dire?

— Si fait! « Comment voulez-vous, a-t-il dit à notre poète, qu'un prince protestant se mêle de faire un archevêque en France? Le régent lira ma recommandation, en rira et n'en fera rien. — Oui, bien, sire, a répondu Destouches, qui a, ma foi, plus d'esprit qu'il n'en met dans ses pièces, le régent en rira, mais après en avoir ri, il fera ce que lui demandera Votre Majesté. »

— Destouches en a menti !

— Destouches n'a jamais dit si vrai, monseigneur.

— Toi, archevêque ! Le roi Georges mériterait qu'en revanche, je lui désignasse quelque maraud de ton espèce pour l'archevêché d'York, lorsqu'il viendra à vaquer.

— Je vous mets au défi de trouver mon pareil. Je ne connais qu'un homme...

— Et quel est-il ? Je serais curieux de le connaître, moi.

— Oh ! c'est inutile ; il est déjà placé, et, comme sa place est bonne, il ne la changerait pas pour tous les archevêchés du monde.

— Insolent!

— A qui donc en avez-vous, monseigneur?

— Un drôle, qui veut être archevêque et qui n'a seulement pas fait sa première communion.

— Eh bien! je n'en serai que mieux préparé.

— Mais le sous-diaconat, le diaconat, la prêtrise?

— Bah! nous trouverons bien quelque dépêcheur de messes, quelque frère Jean des Enteaumures, qui me donnera tout cela en une heure.

— Je te mets au défi de le trouver.

— C'est déjà fait.

— Et quel est celui-là?

— Votre premier aumonier, l'évêque de Nantes, Tressan.

— Le drôle a réponse à tout! Mais ton mariage?

— Mon mariage?

— Oui, madame Dubois?

— Madame Dubois? Je ne connais pas cela!

— Comment, malheureux! L'aurais-tu assassinée?

— Monseigneur oublie qu'il n'y a pas plus de trois jours encore qu'il a ordonnancé le quartier de pension qu'elle touche sur sa cassette.

— Et si elle vient mettre opposition à ton archevêché?

— Je l'en défie! Elle n'a pas de preuves.

— Elle peut se faire donner une copie de ton acte de mariage.

— Il n'y a pas de copie sans original.

— Et l'original?

— En voici les restes, dit Dubois en tirant de son porte-feuille un petit papier qui contenait une pincée de cendres.

— Comment, misérable! et tu n'as pas peur que je t'envoie aux galères?

— Si le cœur vous en dit, le moment est bon, car j'entends la voix du lieutenant de police dans votre antichambre.

— Qui l'a fait demander?

— Moi.

— Pourquoi faire?

— Pour lui laver la tête.

— A quel sujet ?

— Vous allez le savoir. Ainsi, c'est convenu, me voilà archevêque.

— Et as-tu déjà fait ton choix pour un archevêché?

— Oui, je prends Cambrai.

— Peste! tu n'es pas dégoûté!

— Oh! mon Dieu! ce n'est pas pour ce qu'il rapporte, c'est pour l'honneur de succéder à Fénélon.

— Et cela nous vaudra sans doute un nouveau *Télémaque?*

— Oui, si Votre Altesse me trouve une seule Pénélope par tout le royaume.

— A propos de Pénélope, tu sais que madame de Sabran...

— Je sais tout.

— Ah ça, l'abbé, ta police est donc toujours aussi bien faite ?

— Vous allez en juger.

Dubois étendit la main vers un cordon de sonnette; la clochette retentit, un huissier parut.

— Faites entrer M. le lieutenant-général, dit Dubois.

— Mais, dis donc, l'abbé, reprit le régent, il me semble que c'est toi qui ordonnes maintenant ici ?

— C'est pour votre bien, Monseigneur; laissez-moi faire.

— Fais donc, dit le régent, il faut avoir de l'indulgence pour les nouveaux arrivants.

Messire Voyer-d'Argenson entra; c'était

l'égal de Dubois pour la laideur. Seulement sa laideur, à lui, offrait un type tout opposé; il était gros, grand, lourd, portait une immense perruque, avait de gros sourcils hérissés, et ne manquait jamais d'être pris pour le diable par les enfants qui le voyaient pour la première fois. Du reste, souple, actif, habile, intrigant, et, faisant assez consciencieusement son office quand il n'était pas détourné de ses devoirs nocturnes par quelque galante préoccupation.

— Monsieur le lieutenant-général, dit Dubois sans même laisser à d'Argenson le temps d'achever son salut, voici Monseigneur qui n'a pas de secrets pour moi, et qui vient de vous envoyer chercher pour que vous me disiez sous quel costume il est sorti hier soir, dans quelle maison il a passé la nuit, et ce qui lui est arrivé en sortant de cette maison. Si je n'arrivais pas à l'instant même de Londres, je ne vous ferais pas toutes ces questions, mais vous comprenez que, comme je courais la poste sur la route de Calais, je ne puis rien savoir.

— Mais, répondit d'Argenson présumant que toutes ces questions cachaient quelque piége, s'est-il donc passé quelque chose d'extraordinaire hier soir? Quant à moi, je dois avouer que je n'ai reçu aucun rapport. En tout cas, je l'espère, il n'est arrivé aucun accident à Monseigneur.

— Oh! mon Dieu, non, aucun. Seulement Monseigneur, qui était sorti hier à huit heures du soir, en garde française, pour aller souper chez madame de Sabran, a manqué d'être enlevé en sortant de chez elle.

— Enlevé! s'écria d'Argenson en pâlissant, tandis que de son côté le régent poussait une exclamation d'étonnement. Enlevé! et par qui?

— Ah! dit Dubois, voilà ce que nous ignorons et ce que vous deviez savoir, vous, monsieur le lieutenant-général, si, au lieu de faire la police cette nuit, vous n'aviez pas été passer votre temps au couvent de la Madeleine de Traisnel.

— Comment! d'Argenson, dit le régent en éclatant de rire, vous, un grave magistrat, vous donnez de pareils exemples! Ah! soyez tranquille, je vous recevrai bien maintenant si vous venez, comme vous l'avez déjà fait du temps du feu roi, m'apporter au bout de l'année le journal de mes faits et gestes.

— Monseigneur, reprit en balbutiant le

lieutenant-général, j'espère que Votre Altesse ne croit pas un mot de ce que lui dit monsieur l'abbé Dubois.

— Hé quoi! malheureux, au lieu de vous humilier de votre ignorance, vous me donnez un démenti! Monseigneur, je veux vous conduire au sérail de d'Argenson : une abbesse de vingt-six ans et des novices de quinze; un boudoir en étoffe des Indes ravissant, et des cellules tendues en toiles peintes! Oh! monsieur le lieutenant de police fait bien les choses, et un quinze pour cent de la loterie y a passé.

Le régent se tenait les côtes en voyant la figure bouleversée de d'Argenson.

— Mais, reprit le lieutenant de police, en essayant de ramener la conversation sur celui des deux sujets qui, tout en étant le plus humiliant pour lui, était cependant le moins désagréable, il n'y a pas grand mérite à vous, monsieur l'abbé, à connaître les détails d'un événement que Monseigneur vous a sans doute raconté.

— Sur mon honneur, d'Argenson, s'écria le régent, je ne lui en ai pas dit une parole.

— Laissez donc, monsieur le lieutenant! Est-ce que c'est monseigneur aussi qui m'a raconté l'histoire de cette novice des hospitalières du faubourg Saint-Marceau, que vous avez failli enlever par-dessus les murailles de son couvent? Est-ce que c'est Monseigneur qui m'a parlé de cette maison que vous avez fait bâtir, sous un faux nom, mitoyennement avec les murs du couvent de la Madeleine, ce qui fait que vous y pouvez entrer à toute heure, par une porte cachée dans une armoire, et qui donne dans la sacristie de la chapelle du bienheureux Saint-Marc, votre patron? Enfin, est-ce encore Monseigneur qui m'a dit qu'hier votre grandeur avait passé la soirée à se faire gratter la plante des pieds et à se faire lire, par les épouses du seigneur, les placets qu'elle avait reçus dans la journée? Mais non, tout cela, mon cher lieutenant, c'est l'enfance de l'art, et celui qui ne saurait que cela ne serait pas digne, je l'espère bien, de dénouer les cordons de vos souliers.

— Écoutez, monsieur l'abbé, répondit le lieutenant de police en reprenant tout son sérieux, si tout ce que vous m'avez dit sur Monseigneur est vrai, la chose est grave, et je suis dans mon tort de ne pas la savoir, quand un autre la sait ; mais il n'y a pas de temps de perdu, nous connaîtrons les coupables, et nous les punirons comme ils le méritent.

— Mais, dit le régent, il ne faut pas non plus attacher trop d'importance à cela : ce sont sans doute quelques officiers ivres qui croyaient faire une plaisanterie à un de leurs camarades.

— C'est une belle et bonne conspiration, Monseigneur, reprit Dubois, et qui part de l'ambassade d'Espagne en passant par l'Arsenal pour arriver au Palais-Royal.

— Encore, Dubois !

— Toujours, Monseigneur.

— Et vous, d'Argenson, quelle est votre opinion là-dessus ?

— Que vos ennemis sont capables de tout, Monseigneur ; mais nous déjouerons leurs complots, quels qu'ils soient, je vous en donne ma parole!

En ce moment, la porte s'ouvrit, et l'huissier de service annonça Son Altesse monseigneur le duc du Maine qui venait pour le conseil, et qui, en sa qualité de prince du sang, avait le privilége de ne point attendre. Il s'avança de cet air timide et inquiet qui lui était naturel jetant un regard oblique sur les trois personnes en face desquelles il se trouvait, comme pour pénétrer de quelle chose on s'occupait au moment de son arrivée. Le régent comprit sa pensée.

— Soyez le bien venu, mon cousin, lui dit-il, — tenez, voici deux méchants sujets que vous connaissez, et qui m'assuraient à l'instant même que vous conspiriez contre moi.

Le duc du Maine devint pâle comme la

mort, et, sentant les jambes lui manquer, s'appuya sur la canne en forme de béquille qu'il portait habituellement.

— Et j'espère, Monseigneur, répondit-il d'une voix à laquelle il essayait vainement de rendre sa fermeté, que vous n'avez pas ajouté foi à une pareille calomnie ?

— Oh! mon Dieu, non, répondit négligemment le régent. Mais, que voulez-vous ? j'ai affaire à deux entêtés qui prétendent qu'ils vous prendront un jour sur le fait. Je n'en crois rien; mais comme je suis beau joueur, à tout hasard je vous en préviens. Mettez-vous donc en garde contre eux, car ce sont de fins compères, je vous en réponds!

Le duc du Maine desserrait les dents pour répondre quelque excuse banale, lorsque la porte s'ouvrit de nouveau, et que l'huissier annonça successivement M. le duc de Bourbon, M. le prince de Conti, M. le duc de Saint-Simon, M. le duc de Guiche, capitaine des gardes, M. le duc de Noailles, président du conseil des finances, M. le duc d'Antin, surintendant des bâtiments, le maréchal d'Huxelles, président des affaires étrangères, l'évêque de Troyes, le marquis de Lavrillière, le marquis d'Effiat, le duc de Laforce, le marquis de Torcy et les maréchaux de Villeroy, d'Estrées, de Villars et de Bezons.

Comme ces graves personnages étaient convoqués pour examiner le traité de la quadruple alliance, rapporté de Londres par Dubois, et que le traité de la quadruple alliance ne figure que très secondairement dans l'histoire que nous nous sommes engagés à raconter, nos lecteurs trouveront bon que nous quittions le somptueux cabinet du Palais-Royal pour les ramener dans la pauvre mansarde de la rue du Temps-perdu.

IX.

LA CONJURATION SE RENOUE.

D'Harmental, après avoir posé son feutre et son manteau sur une chaise, après avoir posé ses pistolets sur sa table de nuit et glissé son épée sous son chevet, s'était jeté tout habillé sur son lit, et, telle est la puissance d'une vigoureuse organisation, que plus heureux que Damoclès, il s'était endormi, quoique, comme Damoclès, une épée fût suspendue sur sa tête par un fil.

Lorsqu'il se réveilla, il faisait grand jour, et, comme la veille, il avait oublié dans sa préoccupation de fermer ses volets, la première chose qu'il vit fut un rayon de soleil qui se jouait joyeusement à travers sa chambre, traçant de la fenêtre à la porte une brillante ligne de lumière dans laquelle voltigeaient mille atomes. D'Harmental crut avoir fait un rêve en se retrouvant calme et tranquille dans sa petite chambre si blanche et si propre, tandis que, selon toute probabilité, il aurait dû être, à la même heure, dans quelque sombre et triste prison. Un instant il douta de la réalité, ramenant toutes ses pensées sur ce qui s'était passé la veille au soir, mais tout était encore là, le ruban ponceau sur la commode, le feutre et le manteau sur la chaise, les pistolets sur la table de nuit, et l'épée sous le chevet; et lui-même, d'Harmental, comme une dernière preuve, dans le cas où toutes les autres se seraient trouvées insuffisantes, se revoyait avec son costume de la veille qu'il n'avait point quitté de peur d'être réveillé en sursaut, au milieu de la nuit, par quelque mauvaise visite.

D'Harmental sauta en bas de son lit : son premier regard fut pour la fenêtre de sa voisine : elle était déjà ouverte, et l'on voyait Bathilde aller et venir dans sa chambre. Le second fut pour sa glace, et sa glace lui dit que la conspiration lui allait à merveille. En effet, son visage était plus pâle que d'habitude et, par conséquent, plus intéressant ; ses yeux un peu fiévreux et, par conséquent, plus expressifs ; de sorte qu'il était évident que lorsqu'il aurait donné un coup à ses cheveux et remplacé sa cravatte froissée par une autre cravate, il deviendrait incontestablement pour Bathilde, vu l'avis qu'elle avait reçu la veille, un personnage des plus intéressants. D'Harmental ne se dit pas cela tout haut, il ne se le dit même pas tout bas, mais le mauvais instinct qui pousse nos pauvres âmes à leur perte, lui souffla ces pensées à l'esprit, indistinctes, vagues, inachevées, il est vrai, mais assez précises cependant pour qu'il se mît à sa toilette avec l'intention d'assortir sa mise à l'air de son visage, c'est-à-dire, qu'un costume entièrement noir succéda à son costume sombre, que ses cheveux froissés furent renoués avec une négligence charmante et que son gilet s'entr'ouvrit de deux boutons de plus que d'habitude pour faire place à son jabot qui retomba sur sa poitrine avec un laisser-aller plein de coquetterie. Tout cela s'était fait sans intention et de l'air le plus insouciant et le plus préoccupé du monde, car d'Harmental, tout brave qu'il était, n'oubliait point que d'un moment à l'autre on pouvait venir l'arrêter ; mais tout cela s'était fait d'instinct, de sorte que lorsque le chevalier sortit de la petite chambre qui lui servait de cabinet de toilette et jeta un coup-d'œil sur sa glace, il se sourit à lui-même avec une mélancolie qui doublait le charme déjà si réel de sa physionomie. Il n'y avait point à se tromper à ce sourire, car il alla aussitôt à sa fenêtre et l'ouvrit.

Peut-être Bathilde avait-elle fait aussi bien des projets pour le moment où elle reverrait son voisin; peut-être avait-elle arrangé une belle défense qui consistait à ne point regarder de son côté, ou à fermer sa fenêtre après une simple révérence; mais au bruit de la fenêtre de son voisin qui s'ouvrait, tout fut oublié, elle s'élança à la sienne en s'écriant :

— Ah! vous voilà! Mon Dieu, monsieur, que vous m'avez fait de mal!

Cette exclamation était dix fois plus que ne l'avait espéré d'Harmental. Aussi, s'il avait de son côté préparé quelques phrases bien posées et bien éloquentes, ce qui était probable, ces phrases s'échappèrent-elles à l'instant de son esprit, et joignant les mains à son tour :

— Bathilde, Bathilde! s'écria-t-il, vous êtes donc aussi bonne que vous êtes belle?

— Pourquoi bonne? demanda Bathilde. Ne m'avez-vous pas dit que si j'étais orpheline, vous étiez sans parents? ne m'avez-vous pas dit que j'étais votre sœur, et que vous étiez mon frère?

— Et alors, Bathilde, vous avez prié pour moi?

— Toute la nuit, dit en rougissant la jeune fille.

— Et moi qui remerciais le hasard de m'avoir sauvé, tandis que je devais tout aux prières d'un ange!

— Le danger est donc passé? s'écria vivement Bathilde.

— Cette nuit a été sombre et triste, répondit d'Harmental. Ce matin cependant, j'ai été réveillé par un rayon de soleil ; mais il ne faut qu'un nuage pour qu'il disparaisse. Il en est ainsi du danger que j'ai couru : il est passé pour faire place à un plaisir bien grand, Bathilde, celui d'être certain que vous avez pensé à moi ; mais il peut revenir. Et tenez, reprit-il en entendant les pas d'une personne qui montait dans son escalier, le voilà peut-être qui va frapper à ma porte !

Ee ce moment, en effet, on frappa trois coups à la porte du chevalier.

— Qui va là? demanda d'Harmental de la fenêtre et avec une voix dans laquelle toute sa fermeté ne pouvait pas faire qu'il ne perçât un peu d'émotion.

— Ami ! répondit-on.

— Eh bien? demanda Bathilde avec anxiété.

— Eh bien! toujours grace à vous, Dieu continue de me protéger. Celui qui frappe est un ami. Encore une fois, merci, Bathilde!

Et le chevalier referma sa fenêtre en envoyant à la jeune fille un dernier salut qui ressemblait fort à un baiser.

Puis il alla ouvrir à l'abbé Brigaud, qui, commençant à s'impatienter, venait de frapper une seconde fois.

— Eh bien! dit l'abbé, sur la figure duquel il était impossible de lire la moindre altération, que nous arrive-t-il donc, mon cher pupille, que nous sommes enfermés ainsi à serrure et à verroux? Est-ce pour prendre un avant-goût de la Bastille?

Holà! l'abbé, répliqua d'Harmental d'un visage si joyeux et d'une voix si enjouée qu'on eût dit qu'il voulait lutter d'impassibilité avec

Brigaud, point de pareilles plaisanteries, je vous prie, cela pourrait bien porter malheur!

— Mais regardez donc, regardez donc, dit Brigaud en jetant les yeux autour de lui, ne dirait-on pas qu'on entre chez un conspirateur? Des pistolets sur la table de nuit, une épée sous le chevet, et sur cette chaise un feutre et un manteau! Ah! mon cher pupille, mon cher pupille, vous vous dérangez, ce me semble. Allons remettez-moi tout cela à sa place, et que moi-même je ne puisse pas m'apercevoir, quand je viens vous faire ma visite paternelle, de ce qui se passe ici quand je n'y suis pas!

D'Harmental obéit, tout en admirant le phlegme de cet homme d'église, que son sang-froid, à lui homme d'épée, avait grand'peine à atteindre.

— Bien, bien ! dit Brigaud en le suivant des yeux. Ah ! et ce nœud d'épaule que vous oubliez, et qui n'a jamais été fait pour vous, car, le diable m'emporte ! il date de l'époque où vous étiez en jacquette ! Allons, allons, rangez-le aussi ; qui sait, vous pourriez en avoir besoin.

— Eh ! pourquoi faire, l'abbé ? demanda en riant d'Harmental, pour aller au lever du régent ?

— Eh ! mon Dieu non ! mais pour faire un signal à quelque brave homme qui passe. Allons, rangez-moi cela !

— Mon cher abbé, dit d'Harmental, si vous n'êtes pas le diable en personne, vous êtes au moins une de ses plus intimes connaissances.

— Eh non! pour Dieu non! je suis un pauvre bonhomme qui va son petit chemin, et qui, tout allant, regarde à droite et à gauche, en haut et en bas, voilà tout. C'est comme cette fenêtre... que diable! voilà un rayon de printemps, le premier qui vient frapper humblement à cette fenêtre, et vous ne lui ouvrez pas! On dirait que vous avez peur d'être vu, ma parole d'honneur! Ah! pardon, je ne savais pas que quand votre fenêtre s'ouvrait, elle en faisait fermer une autre.

— Mon cher tuteur, vous êtes plein d'esprit, répondit d'Harmental, mais d'une indiscrétion terrible! C'est au point que si vous étiez mousquetaire au lieu d'être abbé, je vous chercherais une querelle.

— Une querelle? et pourquoi diable, mon cher? parce que je veux vous aplanir le chemin de la fortune, de la gloire, et de l'amour peut-être! Ah! ce serait une monstrueuse ingratitude!

— Eh bien non! soyons amis, l'abbé, reprit d'Harmental en lui tendant la main. Aussi bien ne serais-je pas fâché d'avoir quelques nouvelles.

— De quoi?

— Mais que sais-je? De la rue des Bons-Enfants, où il y a un grand train, à ce qu'on m'a dit; de l'Arsenal, où je pense que Mme du Maine donnait une soirée; et même du régent, qui, si j'en crois un rêve que j'ai fait, est rentré au Palais-Royal fort tard et un peu agité.

— Eh bien! tout a été à merveille : le bruit de la rue des Bons-Enfants, si toutefois il y en a eu, est tout-à-fait calmé ce matin. Madame du Maine a une aussi grande reconnaissance pour ceux que des affaires importantes ont retenus loin de l'Arsenal, qu'elle a eu au fond du cœur, j'en suis sûr, de mépris pour ceux qui y sont venus. Enfin, le régent a déjà, comme d'habitude, en rêvant cette nuit qu'il était roi de France, oublié qu'il a failli hier soir être prisonnier du roi d'Espagne. Maintenant, c'est à recommencer.

— Ah! pardon, l'abbé, dit d'Harmental; mais, avec votre permission, c'est le tour des autres. Je ne serais pas fâché de me reposer un peu, moi.

— Diable! voilà qui s'accorde mal avec la nouvelle que je vous apporte.

— Et quelle nouvelle m'apportez-vous?

— Qu'il a été décidé cette nuit que vous

partiriez en poste ce matin pour la Bretagne.

— Pour la Bretagne, moi? Et que voulez-vous que j'aille faire en Bretagne?

— Vous le saurez quand vous y serez.

— Et s'il ne me plaît pas de partir?

— Vous réfléchirez, et vous partirez tout de même.

— Et à quoi réfléchirai-je?

— Vous réfléchirez que ce serait d'un fou d'interrompre une entreprise qui touche à sa fin, pour un amour qui n'en est encore qu'à son commencement, et d'abandonner les intérêts d'une princesse du sang, pour gagner les bonnes graces d'une grisette.

— L'abbé! dit d'Harmental.

— Oh! ne nous fâchons pas, mon cher chevalier, reprit Brigaud, mais raisonnons. Vous vous êtes engagé volontairement dans l'affaire que nous poursuivons, et vous avez promis de nous aider à la mener à bien. Serait-il loyal de nous abandonner maintenant pour un échec? Que diable! mon cher pupille, il faut avoir un peu plus de suite dans ses idées, ou ne pas se mêler de conspirer.

— Et c'est justement, reprit d'Harmental, parce que j'ai de la suite dans mes idées, que cette fois comme l'autre, avant de rien entreprendre de nouveau, je veux savoir ce que j'entreprends. Je me suis offert pour être le bras, il est vrai; mais, avant de frapper, le bras veut savoir ce qu'a décidé la tête. Je risque ma liberté, je risque ma vie, je risque quelque chose qui peut-être m'est plus précieux encore. Je veux risquer tout cela à ma façon, les yeux ouverts et non fermés. Dites-moi d'abord ce que je vais faire en Bretagne, et ensuite, eh bien ! peut-être irais-je.

— Vos ordres portent que vous vous rendrez à Rennes. Là, vous décacheterez cette lettre et vous y trouverez vos instructions.

— Mes ordres! mes instructions !

— Mais n'est-ce point les termes dont le général se sert à l'endroit de ses officiers, et les gens de guerre ont-ils l'habitude de discuter les commandements qu'on leur donne ?

— Non pas, quand ils sont au service, mais moi, je n'y suis plus.

— C'est vrai! j'avais oublié de vous dire que vous y étiez rentré.

— Moi?

— Oui, vous. J'ai même votre brevet dans ma poche. Tenez.

Et Brigaud tira de sa poche un parchemin qu'il présenta tout plié à d'Harmental et que celui-ci déploya lentement et tout en interrogeant Brigaud du regard.

— Un brevet! s'écria le chevalier; un brevet de colonel d'un des quatre régiments de carabiniers! Et d'où me vient ce brevet?

— Regardez la signature, pardieu!

— Louis-Auguste, Monsieur le duc du Maine!

— Eh bien! qu'y a-t-il là d'étonnant? En sa qualité de grand-maître d'artillerie, n'a-t-il pas la nomination à douze régiment? Il vous en donne un, voilà tout, pour remplacer celui qu'on vous a ôté; et comme votre général, il vous envoie en mission. Est-ce l'habitude des gens de guerre de refuser en pareil cas l'honneur que leur a fait leur chef en songeant à eux? Moi, je suis homme d'église, et je ne m'y connais pas.

— Non, mon cher abbé, non! s'écria d'Harmental, et c'est au contraire le devoir de tout officier du roi d'obéir à son chef.

— Sans compter, reprit négligemment Brigaud, que dans le cas où la conspiration échouerait, vous n'avez fait qu'obéir aux ordres qu'on vous a donnés, et que vous pouvez rejeter sur un autre toute la responsabilité de vos actions.

— L'abbé! s'écria une seconde fois d'Harmental.

— Dam! vous n'allez pas, je vous fais sentir l'éperon, moi!

— Si, mon cher abbé, si, je vais... Excusez-moi; mais tenez, il y a des moments où je suis à moitié fou. Me voilà aux ordres de Monsieur du Maine, ou plutôt de Madame. Ne la verrai-je donc point avant mon départ pour tomber à ses genoux, pour baiser le bas de sa robe, pour lui dire que je suis prêt à me faire casser la tête sur un mot d'elle!

— Allons, voilà que nous allons tomber dans l'exagération contraire! Mais non, il ne faut pas vous faire casser la tête, il faut vivre; vivre pour triompher de nos ennemis, et pour porter un bel uniforme avec lequel vous tournerez la tête à toutes les femmes.

— Oh! mon cher Brigaud, il n'y en a qu'une à laquelle je veuille plaire.

— Eh bien! vous plairez à celle-là d'abord, et aux autres ensuite.

— Et quand dois-je partir ?

— A l'instant même.

— Vous me donnerez bien une demi-heure ?

— Pas une seconde !

— Mais je n'ai pas déjeûné.

— Je vous emmène et vous déjeûnerez avec moi.

— Je n'ai là que deux ou trois mille francs, et ce n'est point assez.

— Vous trouverez une année de votre solde dans le coffre de votre voiture.

— Des habits ?...

— Vos malles en sont pleines. Est-ce que je n'avais pas votre mesure, et seriez-vous mécontent de mon tailleur ?

— Mais au moins, l'abbé, quand reviendrai-je ?

D'aujourd'hui en six semaines, jour pour jour, madame la duchesse du Maine vous attend à Sceaux.

—Mais au moins, l'abbé, vous me permettrez bien d'écrire deux lignes?

— Deux lignes, soit! je ne veux pas être trop exigeant.

Le chevalier se mit à une table et écrivit :

« Chère Bathilde, aujourd'hui c'est plus qu'un
« danger qui me menace, c'est un malheur
« qui m'atteint. Je suis forcé de partir à l'ins-
« tant même sans vous revoir, sans vous dire
« adieu. Je serai six semaines absent. Au nom
« du ciel, Bathilde, n'oubliez pas celui qui ne
« sera pas une heure sans penser à vous.

« RAOUL. »

Cette lettre terminée, pliée et cachetée, le chevalier se leva et alla à sa fenêtre ; mais, comme nous l'avons dit, celle de sa voisine s'était refermée à l'apparition de l'abbé Brigaud. Il n'y avait donc aucun moyen de faire passer à Bathilde la dépêche qui lui était destinée. D'Harmental laissa échapper un geste d'impatience. En ce moment on gratta doucement à la porte; l'abbé ouvrit, et Mirza, qui, guidée par son instinct et sa gourmandise, avait trouvé la chambre du jeteur de bonbons, parut sur le seuil et entra en faisant mille démonstrations de joie.

— Eh bien ! dit Brigaud, dites encore qu'il n'y a pas un bon Dieu pour les amants ! Vous cherchiez un messager, en voilà justement un qui vous arrive.

— L'abbé, l'abbé ! dit d'Harmental en secouant la tête, prenez garde d'entrer dans mes secrets plus avant que la chose ne me conviendra !

— Allons donc ! répondit Brigaud, un confesseur, mon cher, c'est un abîme !

— Ainsi, pas un mot ne sortira de votre bouche ?

— Sur l'honneur, chevalier !

Et d'Harmental attacha la lettre au cou de Mirza, lui donna un morceau de sucre en récompense de la mission qu'elle allait accomplir, et moitié triste d'avoir perdu pour six semaines sa belle voisine, moitié gai d'avoir retrouvé pour toujours son bel uniforme, il prit tout l'argent qui lui restait, fourra ses pistolets dans ses poches, agrafa son épée à sa ceinture, mit son feutre sur sa tête, jeta son manteau sur ses épaules, et suivit l'abbé Brigaud.

FIN DU DEUXIÈME VOLUME.

www.ingramcontent.com/pod-product-compliance
Lightning Source LLC
Chambersburg PA
CBHW071601170426
43196CB00033B/1519